BADERNA

GROUCHO--MARXISMO

veneta

BOB BLACK

Os textos aqui reunidos estão livres de direitos autorais; qualquer uso é permitido desde que o autor seja informado com antecedência.

TRADUÇÃO **MICHELE VARTULI**
PREPARAÇÃO **OTACÍLIO NUNES**
REVISÃO **LUCAS CARRASCO, MARCELO YAMASHITA**
E EDERLI FORTUNATO
NOTAS **COLETIVO BADERNA**
DIAGRAMAÇÃO **ANA SOLT E RÔMULO LUIS**
CAPA **GUSTAVO PIQUEIRA | CASA REX**

Dados Internacionais de Catalogação na Publicação (CIP)

B627   Black, Bob
Groucho-Marxismo / Bob Black.
Tradução de Michele Vartuli. – São Paulo:
Veneta, 2021. (Coleção Baderna)

120 p.; Il.
ISBN 978-65-86691-36-8

1. Movimento Político. 2. Sistema Políticos. 3. Marxismo. 4. Grouchismo. 5. Anarquismo. 6. Marx, Karl (1818-1883). 7. Marx, Grouxo (1890-1977). I. Título. II. Série. III. Vartuli, Michele, Tradutora. IV. Teses groucho-marxistas. V. Palavras de poder. VI. A abolição do trabalho. VII. A mentira no Estado e em outros lugares. VIII. Ritos de esquerda. IX. Meu problema com o anarquismo. X. A Divina Comédia. XI. Tecnofilia, uma doença infantil. XII. A realização e supressão do situacionismo.

CDU 329   CDD 320

Catalogação elaborada por Regina Simão Paulino – CRB 6/1154

EDITORA VENETA
Rua Araújo, 124 1º andar São Paulo SP
www.veneta.com.br | contato@veneta.com.br

SUMÁRIO

1. **TESES GROUCHO-MARXISTAS** (1979) 09

2. **PALAVRAS DE PODER** (1980) 13

3. **A ABOLIÇÃO DO TRABALHO** (1980) 19

4. **A MENTIRA NO ESTADO - E EM OUTROS LUGARES** (1982) 51

5. **RITOS DE ESQUERDA** (1982) 57

6. **MEU PROBLEMA COM O ANARQUISMO** (1994) 63

7. **A DIVINA COMÉDIA** (1982) 71

8. **TECNOFILIA, UMA DOENÇA INFANTIL** (1996) 75

9. **A REALIZAÇÃO E SUPRESSÃO DO SITUACIONISMO** (1997) 95

TESES GROUCHO-MARXISTAS

1

O groucho-marxismo, teoria da revolução pela comédia, é muito mais do que um esquema para a luta de crassos: como uma luz vermelha na janela, ilumina o destino inevitável da humanidade, a sociedade *déclassé*. O g-marxismo é a teoria do deleite permanente. (Senta! Isso, dogma bonzinho.)

2

O exemplo dos próprios Irmãos Marx demonstra a unidade da teoria e da prática marxistas (por exemplo, quando Groucho insulta o burguês enquanto Harpo bate a carteira do sujeito). Além disso, o marxismo é dialético (Chico não é o comediante dialético clássico?). Comediantes que não conseguem sintetizar teoria e prática (isso sem falar nos que não conseguem pecar) são não-marxistas. Comediantes subsequentes, não conseguindo entender que a separação é "o discreto charme da burguesia", recaíram em meras cambalhotas, por um lado, e mera tagarelice, por outro.

3

Como o g-marxismo é prático, suas realizações jamais podem ser reduzidas a mero humor, espetáculo, ou até a "arte" (os estetas, afinal, estão menos interessados na apreciação da arte do que em arte que sofre apreciação). Depois que um verdadeiro marxista vê um filme dos Irmãos Marx, ele diz a si mesmo: "Se achou isso engraçado, dê uma olhada na sua vida!"

4

Os g-marxistas contemporâneos devem denunciar resolutamente o "marxismo" imitativo e vulgar dos Três Patetas, do Monty Python e do Pernalonga. Em vez de retornar ao marxismo vulgar, devemos retornar à autêntica vulgaridade marxista. Um corretivo retal também cairia bem naqueles camaradas iludidos que acham que "a linha mais correta" é aquela em que são obrigados a andar quando a polícia para o carro deles numa blitz.

5

Marxistas com consciência de classe (ou seja, marxistas que têm consciência de que não têm classe) devem desprezar a "comédia" anêmica, moderninha e narcisista de revisionistas do humor como Woody Allen e Jules Feiffer. A revolução pela comédia já superou a simples neurose – é lúdica sem ser ridícula, discriminante sem ser discriminatória, militante sem ser militar, aventurosa sem ser aventureira. Os marxistas percebem que, hoje em dia, você precisa se olhar num espelho de parque de diversões para se ver como realmente é.

6

Embora não lhe faltem alguns toques de vislumbre marxista, o (sur)realismo socialista deve ser diferenciado do g-marxismo. É verdade que Salvador Dalí, uma vez, deu para Harpo uma harpa feita de arame farpado; no entanto, não existe nenhuma evidência de que Harpo a tenha tocado.

7

Acima de tudo, é essencial renunciar e denunciar todo sectarismo humorístico como aquele dos equinos trots.[1] Como bem se sabe, Groucho repetidamente propunha o sexo, mas se opunha a seitas. Além disso, o slogan trot "Salário para Animais de Carga" cheira a reforma, não a deleite. Os esforços dos trots para reivindicar "Um Dia nas Corridas" e "Horsefeathers" para a sua tendência devem ser rejeitados com indignação; na verdade, "A Mocidade É Assim Mesmo" faz mais o estilo deles.[2]

O assunto mais polêmico para os g-marxistas, hoje, é a questão do partido,[3] que – diferentemente do que pensam "marxistas" ingênuos e reducionistas – é mais do que apenas: "Por que não fui convidado?" Isso nunca impediu Groucho! Os marxistas precisam do seu próprio partido de vanguarda disciplinado, já que raramente são bem-vindos nas festas dos outros.

---

[1] "*Trot*" significa "trotar", como um cavalo, e também é um diminutivo de "trotskista". (N. T.)

[2] Referência a títulos de filmes dos Irmãos Marx. (N. E.)

[3] Nesse parágrafo há vários trocadilhos intraduzíveis com a palavra "*party*", que em inglês significa tanto "partido" como "festa". (N. T.)

8

Guiadas pelos líderes-dogmas marxistas do misbehaviorismo e do materialismo histérico, as massas vão inevitavelmente abraçar não apenas o g-marxismo, mas também umas às outras.

9

O groucho-marxismo, portanto, é a *tour de farce* da comédia. Como Harpo, segundo fontes confiáveis, teria dito:
"   "

Em outras palavras, ou a comédia é tresloucada, ou não é nada! Tanto a se fazer, tanta gente em quem fazê-lo! Em suas Marx - e vamos lá!
ENTEDIADO DE NOVO? Por que não sacudir sua jaula? Proponho um diálogo dos revoltados, uma conspiração dos iguais, uma política do prazer. O nosso é o poder anômico do pensamento negativo e da risada corrosiva. Os indisciplinados, em meio aos pacientes de hospício, só têm a si próprios e, possivelmente, uns aos outros. Vamos nos reunir. A escolha é sedição ou sedação. Para qualquer número de jogadores.

1979

PALAVRAS DE PODER

ADVOGADOS? Bocas ligadas a sistemas de sustentação de vida.
ARTE? Um substituto cada vez mais inadequado para sexo.
BANCO DE SANGUE? Existe algum outro tipo?
CASAIS? Monogamia é monotonia.
A "CENA"? Aprenda a ser diferente como todos os outros.
CINISMO? Há muito tempo ultrapassado pelos fatos.
CIVILIZAÇÃO? A doença de pele da biosfera.
CRISTÃOS RENASCIDOS? Não deveriam nem ter nascido.
A CRUCIFICAÇÃO? Foi pouco e veio tarde.
A DIREITA? Torta.
DOENÇA? Algo muito perigoso: uma das principais causas da existência de médicos.
ELEIÇÕES? A mongocracia em ação.
A ESQUERDA? Um zero à esquerda.
A FAMÍLIA? Abaixo a bomba familiar!

FÉ? É fatal – vade-retro, Deus!

FEMINISMO? Igualdade com os homens: uma ambição patética.

GAYS? JUDEUS? Elites posando de oprimidas.

GOVERNO? Armas não matam, políticos matam.

GUERRA DE CLASSES? A guerra para acabar com todas as guerras.

GURUS? Um bom mantra é difícil de achar.

HIPPIES? Correndo de tanque vazio.

JUÍZES? Déspotas encarquilhados vestidos de palhaço.

LAZER? Pagar e brincar excluem-se mutuamente.

LEI? Crime sem castigo.

LIBERAIS? Conservadores com sentimento de culpa.

LIBERTARIANISMO? Toda a liberdade que o dinheiro pode comprar.

VIDA APÓS A MORTE? Por que esperar?

MARXISMO? O estágio mais elevado do capitalismo.

MASOQUISMO? Igual a levar serviço pra casa.

MÍSTICOS? Têm vislumbres incomunicáveis e não conseguem parar de falar sobre isso.

MÚSICA DISCO? O barulho continua.

NECROFILIA? Uma doença social.

NIILISTAS? Indo para além do bem e do mal, pararam na metade do caminho.

PEDAGOGICÍDIO? Um crime sem vítimas.

PLENO EMPREGO? Uma ameaça, não uma promessa.

POLÍCIA? Terroristas com as credenciais certas.

POLÍTICA? Como um brejo – tudo o que é sujo acaba subindo.
PRAZER? Interlúdio que acentua a dor.
PRECONCEITO? Sociologia popular.
PROFESSORES? Reprovados.
PROPRIEDADE? É furto – e furtar é apropriado.
PUNKS? Hippies com amnésia.
BARES PUNKS? Lugares chiques sem luxo.
PUNQUES? Punks que cursam escolas de arte.
RADIOEVANGELISTAS? Menos seitas orais, mais sexo oral!
REAGAN? Um passo na direção do Reich.
RELACIONAMENTO? Ficar sozinhos juntos.
RELIGIÃO? Deificar seus defeitos.
O ROCK? Tem um grande futuro por trás.
SERVIÇO MILITAR? Conheça o abatedouro.
SAN FRANCISCO? Baja Sausalito.
SEXO? Um substituto cada vez mais inadequado para a masturbação.
SIONISMO? Nazismo judeu.
SOCIALISTAS? Cordeiros em pele de lobos.
TÉDIO? Obrigatório para os sofisticados.
TEMPO LIVRE? Trabalho pelo qual o chefe não te paga.
TERAPIA? Castigo sem crime.
TROTSKISMO? Stalinismo fora do poder.
UTOPIA? Nostalgia do futuro.
VEGETARIANOS? Você é o que come.
VIOLÊNCIA NA ESCOLA? A luta de classes como luta na classe.

A ABOLIÇÃO DO TRABALHO

Ninguém jamais deveria trabalhar.
O trabalho é a fonte de quase todos os sofrimentos no mundo. Praticamente qualquer mal que se possa mencionar vem do trabalho ou de se viver num mundo projetado para o trabalho. Para parar de sofrer, precisamos parar de trabalhar.

Isso não significa que precisamos parar de fazer coisas. Significa criar um novo estilo de vida baseado na brincadeira; em outras palavras, uma revolução lúdica. Com "brincadeira", quero dizer também festividade, criatividade, convívio, comensalidade e talvez até arte. Brincar é mais do que brincar como crianças, por mais que isso tenha seu valor. Eu clamo por uma aventura coletiva de alegria generalizada e exuberância livremente interdependente. Brincar não é algo passivo. Sem dúvida, precisamos de muito mais tempo do que temos agora para o ócio e a folga totais, independentemente de renda ou ocupação; mas, uma vez recuperados da exaustão causada pelo emprego, todos nós queremos agir.

A vida lúdica é totalmente incompatível com a realidade existente. Pior para a "realidade", o buraco gravitacional que suga a vitalidade daquele pouco na vida que ainda a distingue da mera sobrevivência. Curiosamente – ou talvez não –, todas as velhas ideologias são conservadoras porque acreditam no trabalho. Algumas delas, como o marxismo e a maioria dos tipos de anarquismo, acreditam no trabalho ainda mais ferozmente porque acreditam em bem pouca coisa além dele.

Os liberais dizem que devemos acabar com a discriminação nos empregos. Eu digo que devemos acabar com os empregos. Os conservadores apoiam leis de direito ao trabalho. Seguindo o genro rebelde de Karl Marx, Paul Lafargue, eu apoio o direito à preguiça. Os esquerdistas são a favor do pleno emprego. Como os surrealistas – só que eu não estou brincando –, sou a favor do pleno desemprego. Os trotskistas fazem agitação em nome da revolução permanente. Eu faço agitação em nome do deleite permanente. Mas se todos os ideólogos (como de fato eles fazem) defendem o trabalho – e não apenas porque planejam fazer com que outros trabalhem por eles –, estranhamente, eles relutam em dizer isso. Falam sem parar de salários, jornadas, condições de trabalho, exploração, produtividade, rentabilidade. Falam de tudo, menos do próprio trabalho. Esses especialistas, que se oferecem para pensar por nós, raramente divulgam suas conclusões sobre o trabalho, por mais que ele tenha relevância na vida de todos nós. Entre eles, esmiúçam os detalhes. Sindicatos e patrões concordam que devemos vender o auge de nossa vida em troca de sobrevivência, embora discordem quanto ao preço. Os marxistas acham que devemos ser comandados por burocratas. Os liberais acham que devemos ser comandados por homens de negócios. Às feministas não importa qual a forma de comando, contanto que as comandantes sejam mulheres. Está claro que esses traficantes de ideologias têm diferenças sérias sobre como dividir o espólio do poder.

Também está claro que nenhum deles tem objeções ao poder em si, e todos querem nos manter trabalhando.

Você deve estar se perguntando se eu estou brincando ou falando sério. Eu estou brincando e falando sério. Ser lúdico não é ser ridículo. Brincadeiras não precisam ser fúteis, embora futilidade não signifique banalidade; muitas vezes, deveríamos levar a futilidade a sério. Eu gostaria que a vida fosse um jogo – mas um jogo de apostas elevadas. Eu quero jogar sério.

A alternativa ao trabalho não é apenas a inatividade. Ser lúdico não é estar quaalúdico.[1] Por mais que eu valorize o prazer do torpor, ele nunca é mais recompensador do que quando pontua outros prazeres e passatempos. Tampouco estou promovendo a válvula de escape gerenciada e cronometrada chamada "lazer", longe disso. O lazer é o não-trabalho em nome do trabalho. O lazer é o tempo gasto se recuperando do trabalho e na frenética, porém vã, tentativa de esquecer o trabalho. Muitas pessoas voltam tão esgotadas das férias que ficam ansiosas para voltar ao trabalho e poder descansar. A principal diferença entre o trabalho e o lazer é que trabalhando pelo menos você é pago por sua alienação e exasperação.

Não estou fazendo nenhum jogo de palavras. Quando digo que quero abolir o trabalho, quero dizer exatamente isso – mas quero dar meu recado definindo termos de formas não-idiossincráticas. Minha definição resumida de trabalho é o trabalho forçado, ou seja, a produção compulsória. Ambos são princípios essenciais. O trabalho é a produção garantida por meios econômicos ou políticos, pela recompensa ou pela punição (um tipo de recompensa que é apenas a punição por outros meios). Mas nem toda criação é trabalho. O trabalho

---

[1] Quaalude é um dos nomes comerciais da metaqualona, substância utilizada como tranquilizante, de efeito sedativo e hipnótico. Seu uso como droga era bem difundido nos anos 60 e 70. (N. E.)

jamais é um fim em si mesmo, ele é feito em prol de algum produto ou resultado que o trabalhador (ou, mais frequentemente, outra pessoa) obtém dele. É isso que o trabalho é, necessariamente. Defini-lo é desprezá-lo. Mas o trabalho, em geral, é até pior do que sua definição determina. A dinâmica da dominação intrínseca ao trabalho tende, com o tempo, a se tornar mais elaborada. Em sociedades avançadas, empesteadas pelo trabalho, aí incluídas todas as sociedades industriais, tanto as capitalistas como as "comunistas", o trabalho invariavelmente adquire outros atributos que acentuam sua perversão.

De maneira geral – e isso é até mais verdadeiro nos países "comunistas" do que nos capitalistas, já que naqueles o Estado é quase o único empregador e todos são empregados –, trabalho é emprego, isto é, mão de obra assalariada, o que significa que você se vende a prestações. Portanto, 95% dos trabalhadores norte-americanos trabalham para alguém (ou algo). Em Cuba, na China ou em qualquer outro modelo alternativo que se possa citar, a cifra correspondente beira os 100%. Somente os bastiões camponeses do Terceiro Mundo – México, Índia, Brasil, Turquia –, que vivem em um clima constante de guerra iminente, abrigam temporariamente concentrações significativas de agricultores que perpetuam o acordo tradicional da maioria dos trabalhadores nos últimos milênios, o pagamento de impostos (= extorsão) ao Estado, ou de aluguel a latifundiários parasitas, para que eles os deixem em paz em outras questões. Até este acordo perverso está começando a parecer mais interessante que aquele que temos hoje no Primeiro Mundo. Todos os trabalhadores industriais e de escritório são empregados e submetidos a um tipo de vigilância que assegura a servilidade.

Mas o trabalho moderno tem implicações piores. As pessoas não apenas trabalham, elas têm "empregos". Uma pessoa desempenha uma única tarefa produtiva o tempo todo sob a ameaça de um "ou senão..." Mesmo quando a tarefa tem algo de intrinsecamente interessante (caso cada vez mais raro nos empregos) a monotonia de sua exclusividade obrigatória drena todo o potencial lúdico. Um "emprego" que poderia mobilizar a energia de algumas pessoas, por um tempo razoavelmente limitado e apenas por prazer, torna-se um fardo para aqueles que têm que fazê-lo 40 horas por semana, sem voz ativa sobre como ele deve ser feito, para enriquecer proprietários que não contribuem em nada para o projeto, e sem oportunidade de compartilhar tarefas ou dividir o trabalho entre aqueles que realmente precisam fazê-lo. Esse é o verdadeiro mundo do trabalho: um mundo de incompetência burocrática, de assédio sexual e discriminação, de chefes cabeças-de-bagre explorando e fazendo de bodes expiatórios seus subordinados, os quais – por qualquer critério racional ou técnico – deveriam estar dando ordens. Mas o capitalismo, na realidade, subordina a maximização racional da produtividade e do lucro às exigências do controle organizacional.

A degradação que a maioria dos trabalhadores sofre no emprego é a soma de indignidades variadas, que pode ser denominada "disciplina". Foucault faz parecer complexo esse fenômeno, mas ele é bastante simples. A disciplina consiste na totalidade dos controles totalitários no local de trabalho – vigilância, tarefas repetitivas, ritmo de trabalho imposto, cotas de produção, horário para entrar e para sair e por aí vai. A disciplina é o que a fábrica, o escritório e a loja têm em comum com a prisão, a escola e o hospital psiquiátrico. É algo historicamente original e horripilante. Estava além da capacidade de ditadores demoníacos de antigamente como Nero, Gêngis Khan e Ivã o Terrível. Mesmo com todas as suas más intenções, eles simplesmente não dispunham de mecanismos para controlar seus súditos tão completamente quanto os déspotas modernos. A disciplina é o modelo de controle moderno, distintamente diabólico – é uma intrusão inovadora que precisa ser contida na primeira oportunidade.

A degradação que a maioria dos trabalhadores sofre no emprego é a soma de indignidades variadas, que pode ser denominada "disciplina".

Assim é o "trabalho". A brincadeira é exatamente o oposto. A brincadeira é sempre voluntária. O que poderia ser uma brincadeira se torna trabalho quando é forçado. Isso é um axioma. Bernie de Koven definiu brincadeira como a "suspensão de consequências. Isso é inaceitável, se implica que a brincadeira é inconsequente. A questão não é que a brincadeira não tem consequências. Isso é desvalorizar a brincadeira. A questão é que as consequências, quando existem, são gratuitas. A brincadeira e a oferenda são ações intimamente ligadas. São duas facetas – comportamental e transacional – do mesmo impulso: o instinto lúdico. Elas têm o mesmo desprezo aristocrático pelos resultados. Aquele que brinca obtém algo da brincadeira, e é por isso que brinca. Mas a recompensa central é a experiência da atividade em si (seja ela qual for). Alguns estudiosos das brincadeiras, até atentos sob outros aspectos, como Johan Huizinga (*Homo Ludens*), definem-nas como jogar um jogo, ou seguir regras. Eu respeito a erudição de Huizinga, mas rejeito enfaticamente essa limitação. Existem muitos bons jogos (xadrez, beisebol, Banco Imobiliário, bridge) que são regidos por regras, mas brincar é muito mais do que se divertir com jogos. A conversa, o sexo, a dança, as viagens – essas práticas não têm regras, mas definitivamente são brincadeiras. E pode-se brincar com as regras tão facilmente quanto com qualquer outra coisa.

O trabalho ridiculariza a liberdade. A versão oficial é que todos temos direitos e vivemos numa democracia. Outros desafortunados que não são livres como nós têm que viver em Estados policiais. Tais vítimas obedecem a ordens, por mais arbitrárias que sejam, ou sofrem as consequências. As autoridades as mantêm sob vigilância regular. Burocratas do Estado controlam até os menores detalhes do dia a dia. Os funcionários que as oprimem respondem apenas a seus superiores públicos ou particulares. De qualquer forma, a discordância e a desobediência são punidas. Informantes relatam tudo regularmente às autoridades. Tudo isso parece ser muito ruim.

E é mesmo, embora não seja nada mais do que uma descrição do local de trabalho contemporâneo. Os liberais, conservadores e libertários que se lamentam pelo totalitarismo são fingidos e hipócritas. Há mais liberdade em qualquer ditadura moderadamente "desestalinizada" do que no local de trabalho norte-americano médio. Em um escritório ou em uma fábrica, encontra-se o mesmo tipo de hierarquia e disciplina que existe em uma prisão ou em um mosteiro. De fato, como Foucault e outros demonstraram, prisões e fábricas foram criadas mais ou menos ao mesmo tempo, e seus operadores conscientemente emprestaram as técnicas de controle uns dos outros. Um trabalhador é um escravo em meio período. O chefe diz quando ele deve chegar, quando deve ir embora e o que deve fazer durante a jornada. Ele diz quanto trabalho se deve fazer, e com que velocidade. Tem liberdade para levar seu controle até extremos humilhantes, regulamentando, se assim desejar, o que alguém deve vestir ou com que frequência se deve ir ao banheiro. Com poucas exceções, pode demitir alguém por qualquer motivo, ou sem motivo. Põe dedos-duros e supervisores para espionar as pessoas e acumula um dossiê para cada empregado. Retrucar é visto como "insubordinação", como se o trabalhador fosse uma criança malcriada, e não só leva à demissão, como também impede que se obtenha um seguro-desemprego. Sem necessariamente endossar a prática, vale ressaltar que crianças, em casa e na escola, recebem praticamente o mesmo tratamento, justificado, no caso delas, por sua suposta imaturidade. Que argumento usar no caso de seus pais e professores que trabalham?

O sistema de dominação humilhante que descrevi rege mais da metade das horas de vigília da maioria das mulheres e da grande maioria dos homens há décadas, durante a maior parte de sua vida. Para certos fins, não é muito enganador chamar nosso sistema de democracia, capitalismo ou – melhor ainda – industrialismo, mas seus verdadeiros nomes são fascismo da fábrica e oligarquia do escritório. Quem disser que essas pessoas são "livres" ou está mentindo ou é burro.

Você é o que você faz. Se você faz um trabalho chato, idiota e monótono, provavelmente vai ficar chato, idiota e monótono. O trabalho é uma explicação muito melhor para a crescente cretinização que nos cerca do que até mesmo mecanismos claramente imbecilizadores como a televisão e a educação. Pessoas que são arregimentadas por toda a vida, entregues ao trabalho pela escola e delimitadas pela família no início e pelo asilo no fim, estão acostumadas à hierarquia e escravizadas psicologicamente. Sua aptidão para a autonomia está tão atrofiada que o medo da liberdade está entre suas poucas fobias embasadas racionalmente. O treinamento para a obediência no trabalho contamina as famílias que elas criam, gerando assim novas formas de reprodução do sistema, que acabam por contaminar igualmente a política, a cultura e tudo o mais. Quando se drena a vitalidade das pessoas no trabalho, elas ficam predispostas a se submeter à hierarquia e à especialização em tudo. Estão acostumadas a isso.

Estamos tão próximos do mundo do trabalho que não conseguimos ver o que ele faz conosco. Temos que confiar em quem o vê de fora, de outras épocas e outras culturas, para entender quão extrema e patológica é a nossa situação atual. Houve uma época, em nosso próprio passado, em que a "ética do trabalho" teria sido incompreensível, e talvez Weber estivesse no rumo certo quando associou o aparecimento dessa ética a uma religião, o calvinismo, que, se tivesse surgido hoje e não há quatro séculos, teria sido imediata e adequadamente rotulado como uma seita. Seja como for, só precisamos usar a sabedoria da Antiguidade para pôr o trabalho em perspectiva. Os antigos viam o trabalho como o que ele é, e a visão deles prevaleceu, apesar dos fanáticos calvinistas, até ser deposta pelo industrialismo – mas não antes de receber a aprovação de seus profetas.

Vamos fingir por um momento que o trabalho não transforma as pessoas em submissos estultificados. Vamos fingir, desafiando qualquer psicologia plausível e a ideologia de seus propagadores, que ele não tem efeito algum na formação do caráter. E vamos fingir que o trabalho não é chato, cansativo e humilhante como todos de fato sabemos que é. Mesmo assim, o trabalho ainda seria um insulto a todas as aspirações humanistas e democráticas, apenas porque usurpa tanto do nosso tempo.

Sócrates dizia que trabalhadores braçais são maus amigos e maus cidadãos porque não têm tempo de cumprir as responsabilidades da amizade e da cidadania. Ele tinha razão. Por causa do trabalho, não importa o que estejamos fazendo, estamos sempre olhando para o relógio. A única coisa "livre" no chamado tempo livre é que ele é livre de custos para o chefe. O tempo livre é dedicado principalmente a se preparar para o trabalho, ir para o trabalho, voltar do trabalho e se recuperar do trabalho. Tempo livre é um eufemismo para o modo peculiar como a mão de obra, como fator da produção, não apenas se transporta sozinha, à sua própria custa, de casa para o trabalho e do trabalho para casa, mas também assume primariamente a responsabilidade por sua própria manutenção e conserto. O carvão e o aço não fazem isso. Tornos e máquinas de escrever não fazem isso. Não admira que Edward G. Robinson, num dos seus filmes de gângster, tenha exclamado: "O trabalho é para marrões!"

Tanto Platão como Xenofonte atribuem a Sócrates e, obviamente, compartilham com ele a consciência dos efeitos destrutivos do trabalho sobre o trabalhador, como cidadão e como ser humano. Heródoto identificou o desprezo pelo trabalho como um atributo dos gregos clássicos no auge de

sua cultura. Para citar apenas um exemplo romano, Cícero disse que "quem troca sua força de trabalho por dinheiro se vende e se coloca na classe dos escravos". Tal franqueza é rara hoje em dia, mas as sociedades primitivas contemporâneas que gostamos tanto de menosprezar forneceram porta-vozes que iluminaram antropólogos ocidentais. Os kapauku de Irian Ocidental,[2] de acordo com Pospisil, têm uma noção de equilíbrio na vida e a seguem trabalhando apenas dia sim, dia não, sendo o dia de descanso "para recobrar energia e saúde perdidas". Nossos ancestrais do século XVIII, já a meio caminho andado em direção ao dilema atual, ao menos tinham consciência do que nós esquecemos: o lado negativo da industrialização. Sua devoção religiosa à "Santa Segunda" – que estabeleceu, na prática, a jornada de cinco dias entre 150 e 200 anos antes de sua consagração legal – era o desespero dos primeiros proprietários de fábricas. Eles demoraram para se submeter à tirania da campainha, a precursora do relógio de ponto. De fato, durante uma ou duas gerações, foi necessário substituir homens adultos por mulheres, acostumadas à obediência, e crianças, que podiam ser moldadas para se adequar às necessidades industriais. Até os camponeses explorados do *ancien régime* conseguiam arrancar uma quantidade considerável de tempo do controle dos senhores feudais. De acordo com Lafargue, um quarto do calendário dos camponeses franceses era devotado a domingos e dias santos e as cifras de Chayanov referentes a aldeias da Rússia czarista – que não era nenhuma sociedade progressista – mostram igualmente que entre um quarto e um quinto dos dias dos camponeses eram devotados ao descanso. Controlando em nome da produtividade, obviamente, ficamos muito atrás dessas sociedades retrógradas. Os mujiques explorados se perguntariam por que ainda trabalhamos. É uma pergunta que também deveríamos nos fazer.

---

[2] Parte ocidental da Nova Guiné, que está sob o controle da Indonésia. (N. E.)

é muito surpreendente que alguns dos luminares menos importantes sejam, por sua vez, pouco brilhantes. Para quem o vê de fora, o Grande Sindicato Único dos sindicalistas – que também defende o dever do trabalho – é um enorme Estado, e totalitário ainda por cima. Algumas "anarcofeministas" são queimadoras de livros. Dean Murray Bookchin abraçou a política de terceiro partido[2] e o estatismo municipal, assustadoramente paralelos ao movimento/milícia protofascista Posse Comitatus,[3] que quer abolir todo governo acima do nível de condado. E o "governo invisível" dos militantes anarquistas de Bakunin é, na melhor das hipóteses, uma escolha infeliz de palavras, especialmente saindo da boca de um maçom.

Os anarquistas não se entendem sobre trabalho, industrialismo, sindicalismo, urbanismo, ciência, liberdade sexual, religião e um sem-número de coisas mais importantes, especialmente quando tomadas em conjunto. Há mais pontos discordantes do que qualquer coisa que os una. Cada um dos "encontros" anuais do anarquismo norte-americano que aconteceram de 1986 a 1989 – a primeira vez que a maioria desses anarquistas viu um ao outro frente a frente –, resultou numa hemorragia de desiludidos. Ninguém quer realmente saber de se organizar com o próximo, embora alguns encontros regionais tenham dado bons resultados.

Mas apesar dos demagogos, doutrinários e débeis mentais, parte da imprensa anarquista conseguiu ventilar um pouco o movimento, para alegria não apenas dos cabeças de vento, e o oxigênio é antisséptico. Os anarquistas, ou melhor, os

---

[2] "*third party*", no original, é a forma como são conhecidos nos EUA quaisquer partidos políticos que não sejam republicanos ou democratas. (N. E.)

[3] Movimento de extrema direita que se opõe ao governo dos EUA e defende um localismo radical. Não há uma organização nacional, e as unidades locais são autônomas. (N. E.)

anarquistas marginais, muitas vezes sabem o que carregar e o que deixar para trás. Uma família de heterodoxias que denominei anarquismo "Tipo 3" ou "watsoniano" abriu muito espaço entre os tradicionalistas nos últimos anos. Os Tipo 3, a categoria dos inclassificáveis, enriquecem seu anarquismo (ou seja lá o que for) com empréstimos do neoprimitivismo (ou até do neofuturismo!), do surrealismo, do situacionismo, das religiões satíricas (discordiana, ciência mooreana, Sub-Gênio), da cultura punk, da cultura da maconha e da cerveja e da cultura beat. Alguns anos atrás, os proletaristas, em minoria, lançaram uma campanha de ódio aos Tipo 3, entre outros – pendurando neles (ou devo dizer *lumpendurando*[4]?) a pecha imbecil de "neoindividualistas". Nós somos parasitas sociais, místicos, masturbadores e, de maneira geral, selvagens sem moral. Sim, mas *eles* são universitários com capacetes de construção de grife.

Ah, os anarquistas... ruim com eles, pior sem eles. Como informei uma vez à *Demolition Derby*, os anarquistas podem ser péssimos camaradas, mas são ótimos clientes. Em 1985, fiquei tão enojado de todos eles que rompi os laços de vez. Com o passar dos anos, isso perdeu o sentido, porque ficou difícil dizer exatamente o que era "anarquista" o suficiente para merecer ser boicotado. Agora eu faço uma análise caso a caso.

Este texto é na verdade uma galeria de vilões. Para alguns dos anarquistas que eu respeito, como Ed Lawrence e Hakim Bey, mostrei minha estima em outros artigos. Enquanto isso, eu retomo a luta contra a terminologia. Afinal, sou anarquista ou não sou? Como Feral Faun e outros, eu me viro contrapondo "anarquia" e "anarquismo". Mas mesmo que essa distinção ainda fizesse sucesso por aí, como chamaríamos cada um dos partidos? Pois eu sugeriria aos "anarquiaistas" o seguinte: que todos passem a se autodenominar *anarcos*[5], palavra cuja primeira ocorrência conhecida – em *Paraíso*

---

[4] Aqui Black faz uma referência ao *"lumpenproletariat"*, termo marxista que descreve a camada social abaixo do proletariado. (N.E) [5] "anarchs", no original. (N.T.)

Perdido, de Milton! – antecede *anarquista* em nove anos. É melhor porque, como a distinção correspondente entre *monarca* e *monarquista*, ela designa não aquilo em que nós acreditamos, mas o que *somos*, até onde nosso poder permite: poderosos em nós mesmos.

Por vezes demais os anarquistas me passaram sermão pedindo que eu evitasse as "rivalidades" e "conflitos internos" para combater melhor "o verdadeiro inimigo", expressão com que se referem a alguma abstração convenientemente remota como o capitalismo ou o Estado. Que arrogante, para pessoas que me acusam de ser arrogante, me dizer que elas enxergam *meus* verdadeiros inimigos melhor do que eu. Já refutei o argumento quando me foi apresentado na sua forma mais sedutora – a lisonjeira sugestão de que meus inimigos não são dignos de mim. Posso dispensar a versão padrão, mais tosca dele, como uma trama cínica e egoísta para escapar das minhas críticas, redirecionando-as. Embora possa ter sido proposto de boa-fé, é bobagem.

Zorro e Tonto estão cercados pelos índios. Zorro diz: "Parece que desta nós não escaparemos, velho amigo". E Tonto diz: "Nós quem, cara-pálida?"

"O verdadeiro inimigo" é a totalidade dos limites físicos e mentais com os quais o capital, a sociedade de classes, o estatismo ou a sociedade do espetáculo desapropriam o dia a dia, o nosso tempo de vida. O inimigo verdadeiro não é um objeto separado da vida. É a organização da vida por poderes distanciados dela e voltados contra ela. O aparato, não o seu quadro de funcionários, é o inimigo verdadeiro. Mas é pelos *apparatchiks*, e mediante eles, e todos os outros que participam do sistema, que a dominação e a falsidade se tornam manifestas. A totalidade na verdade é a organização de todos contra cada um e de cada um contra todos. Ela inclui todos os policiais, todos os assistentes sociais, todos os funcionários de escritórios, todas as freiras, todos os colunistas de segunda página, todos os chefões do tráfico de drogas, de Medellín até Upjohn,[6] todos os sindicalistas e todos os situacionistas.

Isso não é retórica, para mim, é algo que inspira minhas escolhas. Implica que posso esperar encontrar ações, opiniões e personalidades autoritárias entre os anarquistas como em qualquer outro lugar. "Camaradas" não são meus camaradas – nem eu sou, nos meus piores momentos, meu próprio camarada – quando eles, ou eu, nos comportamos como "o inimigo verdadeiro". Não existe inimigo verdadeiro fora das ações humanas.

E que lugar melhor para os autoritários se aninharem do que entre os anarquistas, tão facilmente absorvidos por rótulos, tão facilmente deslumbrados por valores chamativos de produção, e tão facilmente confundíveis perante os fatos? Embora ela seja só um tipo ideal, a personalidade autoritária está quase completamente realizada em anarquistas como Jon Bekken, Michael Kolhoff, Chaz Bufe, Fred Woodworth e Chris Gunderson, e em antiautoritários como Caitlin Manning, Chris Carlsson, Adam Cornford e Bill Brown. (*Antiautoritário*, que história essa palavra poderia contar. Como disse Bill Knott, "Se antisséptico bucal falasse...")

Se os anarquistas são capazes de atitudes autoritárias e de incoerência ideológica, eu não devo chamá-los cegamente de camaradas, mais do que chamaria de camarada um guarda rodoviário ou um vendedor de carros usados. O rótulo não é uma garantia. Um motivo importante para minha dissociação do anarquismo em 1985 foi impedir qualquer reivindicação da minha lealdade ou isenção de crítica, baseada no fato de que "nós" estamos do mesmo lado. Para um verdadeiro camarada, as críticas seriam bem-vindas.

Falar das minhas "rivalidades", em geral, é bobagem. Embora não exista separação definitiva entre o pessoal e o

---
[6] Gigante farmacêutica criada em 1886, cujos ativos foram adquiridos pela Pfizer. (N. E.)

político, especialmente quando se é uma pessoa tão política quanto eu, rixas predominantemente pessoais não têm lugar neste livro. Um argumento não se torna rivalidade só porque eu o levo além do costumeiro estágio do monólogo ou porque o outro cara começa a me xingar. Ideólogos que não têm capacidade ou maturidade para defender com profundidade suas opiniões deveriam guardá-las para si próprios, especialmente quando publicam revistas.

Fui acusado de abuso de força pelos atentados contra os editores anarquistas Fred Woodworth e "Spider Rainbow". É difícil dizer. Spider Rainbow, de fato, secou e morreu, mas a cada minuto nasce outro igual ele. Woodworth continua agonizando, porque nada que não tenha realmente vivido pode morrer: eu escavei a múmia e suas múmices. A medida adequada do valor de minhas palavras não é a envergadura dos meus assuntos. Eles não precisam ser importantes para serem úteis, para variar.

A DIVINA COMÉDIA

(Texto escrito em 1982, a respeito do lançamento, pela Marvel Comics, da biografia em quadrinhos do papa João Paulo II)

A DC Comics fez um grande estardalhaço (e talvez tenha feito um grande negócio) com a morte e a ressurreição do Super-Homem, o super-herói por excelência. Houve quem propusesse paralelos cristãos. E você se lembra de todos aqueles pseudo-Super-Homens? E o super-herói das antigas da Marvel Comics, o papa João Paulo II, cujas credenciais cristãs são explícitas e impecáveis? Ele vai, naturalmente, ser canonizado (considere o milagre de livrar a Polônia do comunismo), mas isso levará anos – o Vaticano é a burocracia mais antiga do mundo –, embora seu processo deva ser acelerado como ele acelerou o da Madre (*sic*) Teresa. O fechamento das publicações não espera. E a atenção dos leitores de gibis de super-heróis tem alcance limitado.

Enquanto a Igreja Católica, lenta e laboriosamente, falsifica milagres para atribuí-los ao Pontífice Polonês, sugiro que a Marvel Comics, que já tem uma certa fatia do mercado papal, se torne pró-papa desde já. Depois do drama do Super-Homem, mais detalhadamente descrito no *Livro do Apocalipse*, uma falange de antipapas se erguerá contra o pecado, cada um dizendo ser o verdadeiro J2P2. O primeiro já apareceu, prevendo "um breve reinado", e, a julgar pela sua aparência, ele também já está morto. Isso vai render alguns números de ação teologicamente emocionante.

E aí o Papa Polonês se levantará de seu túmulo, como Jesus, só que mais bem vestido. As Sandálias do Pescador, hoje em dia, são da Gucci. Ele tem um guarda-roupa que mataria uma diva de inveja. Revigorado por seu descanso no outro mundo – que também fez maravilhas pelo homem dos milagres, Jesus Cristo – o Papa Que Nunca Morre vai retomar sua cruzada contra mulheres (as que não são freiras), gays (a menos que eles sejam padres pedófilos), humanistas, cientistas, radicais, ateus, maçons (a menos que eles sejam da Propaganda Due[1]) etc.

Um super-herói precisa de supervilões, como o Estado pre cisa de criminosos. O Vingador Mascarado (bem, na ver-dade ele só usa um chapeuzinho) jamais terá falta deles. O Prelado Polonês tem a singular autorização (porque usa as sandálias de São Pedro, pescador de homens) para fabricar novas categorias de pecadores à medida que as velhas vão sendo usadas. Se a fonte de bruxas secou, é só demonizar o Planejamento Familiar. Pesquisa de células-tronco? Nanogenocídio. Nenhuma Criança Deixada Para Trás e nenhuma criança sem a devida atenção do Pai na parte de trás.

O Super-Homem existe – sem contar sua curta e repousante soneca no túmulo – há 67 anos. Por que o Papa Polonês – que em breve será confirmado como possuidor de poderes santos e sobrenaturais – da mesma forma, depois de uma curta e repousante soneca no túmulo, não andaria sobre a Terra novamente, castigando os profanos, sendo ainda o campeão dos fracos e oprimidos, bem como dos padres pedófilos, dos terroristas antiaborto, das isenções fiscais e dos bingos na igreja?

---

[1] Loja maçônica fundada na Itália em 1945, que, após sua desativação, tornou-se um grupo clandestino de extrema direita (N. E.)

O super-herói das antigas da Marvel Comics, o Papa João Paulo II.

TECNOFILIA, UMA DOENÇA INFANTIL

(Artigo em resposta a um artigo autoritário de "Walter Alter" publicada na *Fringe Ware Review*. A revista não publicou mais do que alguns parágrafos de amostra, mas o disponibilizou pela internet. Ele também apareceu em "Green Anarchist", BCM 1715, Londres, WCIN 3XX, cinco exemplares por cinco libras.)

Se o patriotismo é, como disse Samuel Johnson, o último refúgio de um canalha, o cientificismo é desde já o primeiro. É a única ideologia que, agora em versão cibertola, projeta a aparência e a sensação de futurismo enquanto conserva atitudes e valores essenciais para manter as coisas exatamente como estão. Continue mudando de canal!

A afirmação abstrata de "mudança" é conservadora, não progressista. Ela privilegia toda mudança, aparente ou real, de estilo ou de substância, reacionária ou revolucionária. Quanto mais as coisas mudam – em especial as coisas que mudam –, mais elas continuam iguais. Mais rápido, mais rápido, senhor Speed Racer! (Mas continue andando em círculos.)

Pela mesma razão, privilegiar o progresso também é algo conservador. O progresso é a noção de que a mudança tende ao aprimoramento, e de que o aprimoramento tende a ser irreversível. Contratempos locais acontecem quando a mudança é interrompida ou desviada ("o éter", "flogisto"), mas a tendência secular é avante (e secular). Nada dá muito errado por muito tempo, então nunca há um motivo importante para não continuar fazendo o que se está fazendo. Vai dar tudo certo. Como um jurista já disse em outro (porém assombrosamente similar) contexto que as rodas da justiça giram devagar, mas moem direitinho.

Como o seu pseudônimo sugere, Walter Alter é um alto sacerdote autoconsagrado do progresso (mas será que ele sabe que, na Alemanha, "alter" significa "mais velho"?). Ele desdenha o passado para melhor perpetuá-lo. Seu jeito de escrever só em minúsculas – que modernista! – era inovador quando e.e. cummings o lançou, há 80 anos. Talvez o próximo avanço de Alter seja abandonar a pontuação, apenas algumas décadas depois que James Joyce o fez. E três mil anos depois que os romanos fizeram ambas as coisas. O ritmo do progresso pode ser estonteante.

Para Alter, o futuro é um programa que Karl Marx e Júlio Verne mapearam num século anterior. A evolução é unilinear, impelida pela tecnologia e, por alguma razão estranha, moralmente imperativa. Essas ideias já eram velhas quando Herbert Spencer e Karl Marx as formularam. O positivismo de Alter não implica nenhum melhoramento em relação ao de Comte, que se desmascarou ao fundar uma Igreja Positivista. E seu materialismo mecânico é, na verdade, uma regressão do marxismo para o stalinismo. Como ficção científica ruim, só que menos divertido, o alterismo é uma ideologia do século XIX declamada no jargão do século XXI. (Um dos poucos fatos que podem ser brevemente reconfortantes sobre o futuro é que ele não falará como Walter Alter, não mais do que o presente fala como Hugo Gernsback.¹) Alter não escreveu uma só palavra da qual Newt Gingrich² ou Walt Disney, descongelado, discordaria. Os "engenheiros sociais de gabinete" estão do seu lado; ou melhor, ele está do lado deles. Eles não pensam como ele — algo que mal pode ser chamado de pensamento — mas querem que pensemos como ele. O único motivo pelo qual não o incluem em sua folha de pagamento é: por que lhe pagar se ele está disposto a fazer isso de graça?

"A sobrecarga de informações é relativa à capacidade de cada um", entoa Alter. É certamente relativa à dele. Ele salta da tecnologia à antropologia à história e vice-versa, como os átomos do modelo de universo "mesa de bilhar" newtoniano, no qual os cientistas, diferentemente de Alter, não acreditam mais. A vastidão de sua ignorância assombra, e o mundo, perplexo, pode apenas perguntar, com Groucho Marx: "Há mais alguma coisa sobre a qual você não saiba absolutamente nada?" Se o sindicalismo é (como um tirador de sarro definiu) fascismo sem entusiasmo, o alterismo é empirismo sem provas. Ele exibe a toga da razão sem citar nenhum motivo para fazê-lo. Espera que aceitemos sua rejeição da fé por pura fé. Afirma ferozmente que fatos são fatos, e não menciona nenhum.

Alter está nervoso demais para ser articulado, mas pelo menos forneceu uma lista de inimigos — embora, como o senador McCarthy, prefira lançar denúncias vagamente categóricas em vez de dar nome aos bois. No topo da lista estão os

---

¹ Inventor, editor e escritor, natural de Luxemburgo e radicado nos EUA. Criador da primeira revista de ficção científica no mundo, a *Amazing Stories*, também inspirou o nome do grande prêmio mundial de ficção científica, o prêmio Hugo. (N. E.)

² Político republicano estadunidense, que durante sua atuação como porta-voz do Congresso (1995-1999), liderou a "revolução republicana", que encerrou um período de 40 anos de maioria democrata na casa. (N. E.)

"antroporromânticos", "primitivo-nostálgicos", que também são, ou estão ajudando e consolando, os "antiautoritários" da "anarcoesquerda". Para o leitor leigo, essas palavras compostas misteriosas são tentativas calculadas de inspirar um vago receio, sem comunicar nenhuma informação a respeito de quem estejam denominando, exceto que são lacaios dos engenheiros sociais de gabinete e inimigos da civilização. Mas por que raios os engenheiros sociais de gabinete iriam querer destruir a civilização na qual prosperam à custa da maioria de nós, o resto?

Se religião significa reverência por algo não entendido, então Alter é fervorosamente religioso. Ele confunde ciência com conhecimento codificado (isso era a história natural, tão decrépita quanto a frenologia há muito tempo). A ciência é uma prática social com métodos distintos, não uma acumulação de "fatos" oficialmente verificados. Não existem fatos puros, fora de contexto. Os fatos são sempre relativos a um contexto. Os fatos científicos são relativos a uma teoria ou um paradigma (isto é, a um contexto formalizado). Os elétrons são partículas ou são ondas? Nem uma coisa nem outra, e ambas, de acordo com Niels Bohr – depende de para onde você estiver olhando e por quê. Os postulados e teoremas da geometria euclidiana são "verdadeiros"? Eles correspondem muito bem a boa parte do universo físico, mas Einstein achava que a geometria não-euclidiana de Riemann descrevia melhor fenômenos cruciais como a gravitação e a deflexão dos raios luminosos. Cada geometria é internamente coerente; cada uma é incoerente com a outra. Nenhum fato ou fatos concebíveis poderiam resolver essa discrepância. Por mais que desejassem transcender a incoerência, os físicos aprenderam a conviver com as incomensuráveis teorias da relatividade e da física quântica porque ambas (quase) funcionam. A física newtoniana ainda é bastante eficaz dentro do sistema solar, onde há alguns "fatos" (como a precessão de Mercúrio) não conformes com a relatividade einsteinia-

na, mas esta última é, certamente, a teoria preferida para aplicação ao resto do universo. Dizer que uma é verdadeira e a outra é falsa é como dizer que um Toyota é verdadeiro e um Modelo T é falso.

Teorias criam fatos – e os destroem. A ciência é simultaneamente, e necessariamente, progressista e regressista. Diferentemente de Walter Alter, a ciência não privilegia uma ou outra direção. Não existe um universo passivo, preexistente, "organizado, padronizado, previsto e palpável" esperando por nosso toque de Prometeu. Até o ponto onde o universo é ordenado – um ponto que, até onde sabemos, talvez nem fique muito longe – nós é que o tornamos ordenado. Não apenas no sentido óbvio de que formamos famílias e construímos cidades, ordenando nossos próprios meios de vida, mas meramente pelo poder padronizador da percepção, pelo qual resolvemos um amontoado de dados sensoriais numa "tabela" na qual, "na verdade", há apenas uma multidão de partículas ínfimas e principalmente espaço vazio.

Alter esbraveja contra a obnose, seu malformado neologismo que significaria ignorar o óbvio. Mas ignorar o óbvio é, "obviamente", o pré-requisito da ciência. Como diz S. F. C. Milsom, "as coisas óbvias não podem estar levemente erradas: como o movimento do Sol, elas só podem estar fundamentalmente erradas". Óbvio que o Sol gira ao redor da Terra. Óbvio que a Terra é plana. Óbvio que a mesa diante de mim é sólida, e não, como os místicos da física atômica alegam, quase que apenas um espaço vazio. Óbvio que partículas não podem também ser ondas. Óbvio que a sociedade humana é impossível sem o Estado. Óbvio que os caçadores-coletores trabalham mais do que os assalariados contemporâneos. Óbvio que a pena de morte diminui a criminalidade. Mas nada é mais óbvio, se algo ainda o é, do que o fato de que todas essas afirmações são falsas. Ou seja, elas não podem ser qualificadas como "fatos" dentro de nenhuma estrutura que

até seus próprios defensores reconheçam como sua. De fato, todos os defensores (já que tais opiniões ainda têm alguns) defendem de forma estridente, como Alter, uma estrutura positivista-empírica na qual sua falsidade é patente.

Portanto, para entrar em detalhes, avancemos para o passado. Alter espuma contra o que chama de "apego romântico a uma existência 'mais simples', 'mais pura' no passado, ou em sociedades primitivas ou 'orientais' contemporâneas". Espera aí. Ninguém, que eu saiba, está misturando sociedades primitivas passadas ou presentes com sociedades "orientais" (presumivelmente as civilizações da China e da Índia e suas ramificações no Japão, Coréia, Birmânia, Sudeste da Ásia, Indonésia, e por aí vai). Tais sociedades "orientais" se parecem muito mais com a sociedade que os "anarcoesquerdistas" querem derrubar – a nossa –, do que com qualquer sociedade primitiva. Ambas têm Estado, mercado, estratificação social e religião controlada por sacerdotes, coisas ausentes em todas as sociedades grupais extrativistas e em muitas sociedades tribais. Se sociedades primitivas e orientais têm características comuns de qualquer importância para sua argumentação (se ele tivesse ao menos se dado ao trabalho de argumentar), Alter não as identifica.

Para Alter, é uma "realidade implacável que a direção inata de qualquer cultura senciente, no sentido de ampliar o seu bem-estar, será sempre aumentar a aplicação de extensões

às ferramentas disponíveis". Culturas não são "sencientes"; isso é reificá-las e mistificar sua natureza. Tampouco elas têm necessariamente qualquer "direção inata". Como ex-(ou cripto)marxista – ele é um ex-(?)seguidor de Lyndon LaRouche em sua fase stalinista, da Congregação Nacional de Comitês Trabalhistas – Alter não tem desculpas para desconhecer isso. Embora Marx estivesse interessado principalmente em um modo de produção – o capitalismo – o qual, argumentava, tinha uma direção inata, ele também identificou um "modo de produção asiático" que não a tinha; Karl Wittfogel elaborou essa percepção em seu *Oriental Despotism*. Nosso visionário profetiza que "se esse aumento cessar, a cultura morrerá". Isso nós sabemos que é falso.

Se Alter está correto, o regresso de uma sociedade a uma tecnologia mais simples é um ato inevitavelmente suicida. Antropólogos discordam. Para Alter, é uma questão de fé que a agricultura seja tecnologicamente superior ao extrativismo. Mas os ancestrais dos índios das planícies eram agricultores sedentários ou semissedentários que abandonaram aquele estilo de vida porque a chegada do cavalo tornou possível (não necessária) a opção de uma vida mais simples de caça que eles devem ter considerado qualitativamente superior. Os kpelle, da Libéria, por exemplo, se recusam a mudar do cultivo seco para o cultivo inundado de arroz, seu principal alimento, como os "especialistas" em desenvolvimento econômico recomendam. Os kpelle têm plena consciência de que o cultivo inundado (irrigado) de arroz é muito mais produtivo do que o seco. Mas o cultivo seco é conduzido comunalmente, com cantoria, festa e bebidas, de uma forma impossível no cultivo inundado – e é um trabalho muito mais fácil, numa "estação de trabalho" muito mais sadia e confortável. Se a cultura deles "morrer" em decorrência dessa escolha eminentemente ponderada, será um assassinato, não um suicídio. Se progresso, para Alter, significa exterminar pessoas porque nós podemos e porque elas são diferentes, ele pode pegar seu progresso e enfiar naquele lugar. Defendendo a ciência, ele a difama.

Até a história da civilização ocidental (a única que nosso futurista etnocêntrico leva a sério) contradiz a teoria de Alter da vontade de potência tecnológica. Por bem mais de mil anos, a civilização clássica floresceu sem nenhuma "aplicação de extensões às ferramentas existentes" significativa. Até mesmo quando a ciência helênica ou romana avançava, isso não se estendia, normalmente, à sua tecnologia. Ela criou o motor a vapor e em seguida esqueceu o brinquedinho, como a China (outro exemplo contrário ao alterismo) inventou a pólvora e a usava para espantar os demônios – provavelmente seu melhor uso. Claro que as sociedades antigas chegaram ao fim, mas todas chegam: como disse Keynes, a longo prazo estaremos todos mortos.

E eu tenho minhas suspeitas quanto à expressão "extensão à ferramenta". Não tem algo a ver com o produto anunciado nas contracapas de revistas pornôs?

Alter deve estar mentindo, não apenas enganado, quando reitera o mito hobbesiano de que "a vida primitiva é curta e brutal". Ele não poderia nem mesmo saber da existência daqueles que rotula como antroporromânticos sem saber também que eles demonstraram o contrário disso, convencendo seus colegas cientistas. A palavra "primitivo" é, para muitos fins – inclusive este –, vaga e generalizante demais para ser útil. Pode denominar desde as poucas sociedades sobreviventes baseadas na caça e no extrativismo, até os camponeses de minorias étnicas em vias de modernização nos Estados do Terceiro Mundo (como os índios do México ou do Peru). A expectativa de vida é um exemplo. Alter quer que seus leitores suponham que a longevidade é uma função da complexidade tecnológica e social. Não é, e tampouco é o oposto disso. Como Richard Borshay Lee verificou, os Kung San ("homens da floresta"), de Botsuana, têm uma estrutura populacional mais próxima daquela dos Estados Unidos que daquela de um país típico do Terceiro Mundo, com sua maioria camponesa. A vida dos extrativistas não é tão curta assim. Só recentemente a expectativa de vida média nas nações metropolitanas privilegiadas ultrapassou os índices pré-históricos.

Quanto à vida dos primitivos ser "brutal", trata-se obviamente de um juízo moral, não científico, se comparada à dos habitantes de Detroit, por exemplo. Se a brutalidade se refere à qualidade de vida, os extrativistas, como Marshall Sahlins demonstrou em "The Original Affluent Society", trabalham muito menos e têm muito mais vida social e festas do que nós modernos. Nenhum deles recebe ordens de um chefe babaca, nem levanta antes do meio-dia, nem trabalha cinco dias por semana, nem... – bem, já deu pra entender.

Alter observa, com perversidade, que "bem poucas sociedades aborígines vêm sendo criadas e adotadas por aqueles que as elogiam". Não diga. E daí? Tais sociedades nunca foram criadas, elas evoluíram. As mesmas forças industriais e capitalistas que estão extinguindo as sociedades aborígines existentes contrapõem obstáculos poderosos à formação de outras. O que nós deploramos é justamente termos perdido a capacidade de recriá-las. Alter só está animando a torcida dos porcos. Como eu disse, eles até lhe pagariam (mas não muito bem, provavelmente), se ele já não estivesse fazendo isso de graça.

Admita-se que antropólogos e "anarcoesquerdistas" ocasionais romantizam, sob certos aspectos, a vida primitiva de vez em quando, mas nada que se compare à escala em que Alter falsifica dados etnográficos. Richard Borshay Lee e Marshall Sahlins representam hoje a sabedoria convencional em relação a sociedades baseadas na caça e no extrativismo. Eles não romantizam nada. Não precisam. Um romântico ou uma romântica alegaria que a sociedade primitiva que ele ou ela estuda é virtualmente livre de conflito e violência, como Elizabeth Marshall Thomas fez em seu livro sobre os San/ Homens da Floresta, *The Harmless People*. As observações posteriores e mais minuciosas de Lee estabeleceram índices de homicídios *per capita* entre os San não muito abaixo daqueles dos Estados Unidos contemporâneos. Sahlins deixou claro que o preço de uma vida folgada e com abundância de alimentos, para os caçadores-coletores, era a impossibilidade de acumular qualquer propriedade que não pudesse ser carregada com facilidade. Se isso é ou deixa de ser um grande sacrifício, é um juízo de valor, não uma descoberta científica – e Alter é tão cego para essa distinção quanto qualquer monge medieval.

Alter praticamente só faz referência específica a Margaret Mead, "uma sectária semianalfabeta especializada em 'alterar as amostras' quando elas não se encaixam na sua doutrina preexistente" (jamais especificada). Mead tinha pouca prática antes de sua primeira incursão no trabalho de campo em Samoa, mas chamar a autora de vários livros bem escritos e de sucesso de "semianalfabeta" fica aquém até do semianalfabetismo, é burrice e pronto. Eu quase diria que Alter é um sectário semianalfabeto que altera os fatos, mas na verdade ele é um sectário semianalfabeto que ignora os fatos.

As principais conclusões de Mead foram que os samoanos eram sexualmente liberais e, em relação aos americanos do Entreguerras, mais cooperativos do que competitivos. Mead – pupila bissexual da lésbica Ruth Benedict – pode ter projetado seu próprio liberalismo sexual nos nativos. Mas etnografias modernas (como a de Mangaia, de Robert Suggs), bem como fontes históricas da época do capitão Cook em diante, confirmam que a maioria das sociedades insulares do Pacífico estava realmente mais próxima do idílio hedonista relaxado que Mead pensou ter visto em Samoa do que de algum show de horrores hobbesiano. Alter vocifera contra o romantismo, a subjetividade, o misticismo – os suspeitos de sempre –, mas não quer encarar os fatos reproduzidos regularmente sobre a sociedade primitiva. Ele está se contradizendo.

Se as descobertas de Mead relativas à sexualidade e ao amadurecimento foram revisadas por trabalhos de campo posteriores, sua caracterização da competição e da cooperação nas sociedades que ela estudou não o foram. Por qualquer padrão, nossa sociedade moderna capitalista e de Estado é o que estatísticos chamam de desvio – uma mutação, uma aberração, um monstro – a uma distância extraordinária da maioria das observações, do tipo que joga a variância longe da variação. Não existem "padrões duplos fazendo críticas extremas contra todos os fatores *bourgeoise*, capitalistas, espetaculares, de mercado" – o distanciamento é apenas tão extremo quanto o distanciamento da comunidade, como foi experimentado pela maioria das sociedades de hominídeos nos últimos milhões de anos. É como se Alter quisesse dizer que uma régua tem preconceitos porque ela estabelece que objetos de um metro ou mais são mais longos do que aqueles que têm menos de um metro. Se isso é mesmo ciência, eu prefiro o misticismo ou a morte.

Alter insinua, sem demonstrar, que Mead falsificou provas. Mesmo que ela tenha falsificado, sabemos que muitos cientistas ilustres, entre eles Galileu e Gregor Mendel, falsificaram ou embelezaram relatos de suas experiências para substanciar conclusões que agora são universalmente aceitas. Mendel, para piorar a situação, era um monge católico, um "místico", de acordo com a demonologia de Alter, e no entanto fundou a ciência da genética. Alter, longe de fundar uma ciência, nem mesmo dá a indicação de começar a entender qualquer uma delas.

Os méritos e deméritos da etnografia de Margaret Mead são menos do que periféricos à polêmica de Alter. Não foi Mead quem descobriu e relatou que caçadores-coletores trabalham muito menos do que nós. Há algo muito fora de controle em um maníaco por controle que insiste em taxar de fascistas ideias que não aceita ou entende. Nada que eu diga para denunciar esse tipo de oportunismo masturbatório será forte demais. "Fascista" não é, como Alter supõe, um nome de uso geral, sinônimo de "mim não gosta". Uma vez, escrevi um ensaio, "Feminism as Fascism", que ocasionou grande indignação, embora continue bastante válido. Mas eu não me incomodei, porque tinha sido bastante cuidadoso e específico ao identificar os paralelos precisos entre o fascismo e o chamado feminismo (radical) – cerca de meia dúzia. São meia dúzia de analogias a mais do que aquelas que Alter identifica entre o fascismo e o anarcoesquerdismo ou a primitonostalgia. Os únicos anarcoesquerdistas com quaisquer afinidades demonstráveis ao fascismo (ao qual, na Itália, forneceram muitos recrutas) são os sindicalistas, aquela seita moribunda, os últimos anarquistas a compartilharem do cientificismo retrógrado de Alter. É Alter, e não seus inimigos, quem pede "um corpo orientador e coeso de conhecimento e de experiências como estrutura de referência" – apenas uma estrutura de referência, repare bem – para "diagramas e manuais", ou seja, para ritmos de marcha. Acontece que existem fascistas de verdade neste nosso mundo imperfeito. Vulgarizando o termo e se dizendo contra os fascistas, Alter (que está longe de ser o único a fazer isso) na verdade os equipa com um sistema de camuflagem.

Os artistas, uiva Walter, "não acreditam que a tecnologia seja uma coisa intrinsecamente boa". Eu não ligo muito para aquilo em que os artistas acreditam, especialmente se Alter for um exemplo, mas essa suposta opinião deles lhes dá crédito. Eu imaginaria que é obnose, ignorar o óbvio, acreditar na tecnologia "intrinsecamente", não vê-la como o meio para um fim, ou fins, para os quais ela é vendida, e sim como uma espécie de fim em si mesmo sem utilidade alguma para ninguém. "Arte pela arte" é um credo discutível, mas pelo menos fornece arte, que pode agradar alguns por sua beleza. A tecnologia como fim em si mesma não faz sentido algum, como o monstro do dr. Frankenstein. Se a ideia de "tecnologia pela tecnologia" não é a pura antítese da razão, então eu não sei o que é razão, e sinceramente prefiro não saber.

Os caçadores-coletores anarcocomunistas (porque é isso, para ser exato, o que eles são) do passado e do presente são importantes. Não (necessariamente) por suas bem-sucedidas adaptações específicas ao habitat, já que por definição elas não são generalizáveis, mas por demonstrarem que a vida já foi, e pode ser, radicalmente diferente. A questão não é recriar aquele estilo de vida (embora possa haver algumas

ocasiões de fazê-lo), mas reconhecer que, se uma vida totalmente contraditória à nossa é viável a ponto de ter um histórico de milhões de anos, então talvez outros meios de vida contraditórios ao nosso sejam viáveis.

Para um esquizofrênico do século XXI, rico e de bom gosto, Alter tem um vocabulário assombrosamente limitado. Ele acredita que palavras infantis como "bem" e "mal" signifiquem algo mais do que "mim gosta" e "mim não gosta", mas se ele vê algum outro sentido nelas não compartilhou essa abundância com o resto de nós. Ele acusa seus inimigos escolhidos de "infantilismo e vingança contra os pais", ecoando o autoritarismo de Lênin (*Esquerdismo, Doença Infantil do Comunismo*) e Freud, respectivamente. Futurista típico – e os futuristas originais aderiram ao fascismo –, está cerca de

um século atrás de Heisenberg, Nietzsche e do resto de nós. O moralismo é retrógrado. Você quer algo? Não me diga que você está "certo" e eu estou "errado". Pouco me importa do que Deus ou Papai Noel gostam, muito menos se fui bom ou mau menino. Diga-me apenas o que eu tenho que você quer, e por que eu deveria dá-lo a você. Não posso garantir que concordaremos, mas a articulação seguida de negociação é a única maneira possível de resolver uma disputa sem coerção. Como Proudhon disse, "eu não quero nenhuma lei, mas estou disposto a negociar".

Alter se apega à "realidade física" objetiva – matéria em movimento – com a mesma fé de uma criança que se agarra à mão de sua mãe. E a fé, para Alter e para crianças de todas as idades, é sempre seguida pelo medo. Alter (para citar Clifford Geertz) "teme que a realidade suma, a menos que acreditemos bastante nela". Ele nunca experimentará uma crise edipiana porque jamais crescerá a esse ponto. Um mundo mecânico é o único que ele consegue entender. Ele acha que o sistema solar, na verdade, é um planetário. Não tem tolerância alguma para a ambiguidade, a relatividade, a indeterminação – tolerância alguma, de fato, para a tolerância.

Alter parece não ter aprendido nada da ciência além de um pouco de jargão bastante mal empregado. Ao denunciar o "mau método científico" e a "intuição" quase na mesma exalação de mau hálito, ele explicita o quanto ignora o pluralismo do método científico. Até um positivista tão resoluto quanto Karl Popper distinguia o "contexto de justificação", que ele supunha implicar a aderência a uma ortodoxia demonstrativa um tanto rígida, do "contexto da descoberta", no qual, como Paul Feyerabend alegremente observou, "vale tudo". Alter revela o quão completamente por fora está ao fazer referência casual aos "verdadeiros métodos de descoberta". Não existem verdadeiros métodos de descoberta, apenas métodos úteis. Em princípio, ler a Bíblia ou tomar LSD são práticas tão legítimas, no contexto da descoberta, quanto fuçar publicações técnicas regularmente. Não importa se Arquimedes realmente obteve inspiração pulando na banheira, ou se Newton a conseguiu vendo uma maçã cair. O que importa é que esses – quaisquer – gatilhos da criatividade são possíveis e, se forem eficazes, são desejáveis.

A intuição é importante não como uma faculdade oculta confiável, mas como uma fonte de hipóteses em todos os campos. E também de vislumbres ainda não prontos para serem formalizados, se é que algum dia o serão, mas que são ainda assim significativos e heurísticos no contexto das disciplinas hermenêuticas, as quais com todo o direito se recusam a aceitar que algo não passível de quantificação seja místico. Muitas disciplinas já aceitas no panteão das ciências (como a biologia, a geologia e a economia) teriam sido abortadas por esse dogma anacrônico. "Considerar a fonte" é o que Alter chama de "método científico ruim". Ouvimos falar muito (demais) do conflito entre evolucionismo e criacionismo. Basta um conhecimento superficial da história intelectual ocidental para reconhecer que a teoria da evolução é uma secularização da escatologia que distingue o cristianismo de outras tradições religiosas. Mas o fato de que o cristianismo foi o contexto da sua descoberta é um motivo bem pouco científico para rejeitar a evolução. Ou, por que não dizer, para aceitá-la.

Alter não é o que finge ser, um paladino da razão atacando as hordas irracionalistas. A única coisa que os nomes na sua lista de inimigos têm em comum é o fato de estarem nela. Ayn Rand, cuja defesa histérica da "razão" era o alterismo sem o jargão de ciência popular, tinha um rol de irracionalistas que incluía homossexuais, liberais, cristãos, antissemitas, marxistas, expressionistas abstratos, hippies, tecnófobos, racistas e fumantes de maconha (mas não de tabaco). A lista de Alter (ainda certamente incompleta) inclui sadomasoquistas,

New Agers, antropólogos, esquizofrênicos, antiautoritários, fundamentalistas cristãos, engenheiros sociais de gabinete, fascistas, protocubistas... Intimem suspeitos inesperados. Alter só faz esse jogo de acusação porque não tem extensões às ferramentas em número suficiente.

"Quantas vezes por dia você realmente avança em questões importantes, de forma intuitiva?" Palavras sábias – e também um bom argumento pra mandar esse cara plantar batatas. Aqui está outra charada, Senhor Leitor ou Senhora Leitora: quantas vezes por dia você realmente avança em questões importantes, NÃO IMPORTA DE QUE FORMA? Quantas vezes por dia você "avança em questões importantes" – intuitiva, irônica, intelectual, impulsiva, impassivelmente, ou seja lá de que forma for? Ou você sente, um dia após o outro, que um dia vem após o outro, e é só? Que as únicas "questões importantes" que afetam você, se é que existem, são decididas, se é que são, pelos outros? Já notou sua falta de capacidade de mapear o seu próprio destino? Já notou que seu acesso à realidade "virtual" aumenta na mesma proporção em que você se distancia (um gesto prudente) da realidade factual? Que fora trabalhar e pagar contas você não tem absolutamente nenhuma utilidade para esta sociedade, e não pode esperar que ela conserve você, se um dia não conseguir fazer uma dessas duas coisas? E, finalmente, por acaso a gritaria tecnofílica e tecnocapitalista de Walter Alter pode ajudar você, de alguma forma, a interpretar o futuro, e muito menos – mas ainda mais importante – a mudá-lo?

A REALIZAÇÃO E SUPRESSÃO DO SITUACIONISMO

"Para nossa época, acho que toda afirmação deveria ser datada." – *Alexander Trocchi*[1]

"Os situacionistas, dos quais talvez vocês se imaginem juízes, um dia os julgarão. Estamos esperando por vocês na curva." Nesse tom vagamente ameaçador, Maurice Wyckaert, falando pela Internacional Situacionista, concluiu um discurso no Instituto para as Artes Contemporâneas (IAC) de Londres em 1961. Um membro da plateia, perplexo (ou será que era um cúmplice?), perguntou qual a finalidade do "situacionismo", afinal. Guy Debord levantou-se para anunciar,

---

[1] Alexander Trocchi, *Cain's Book* (Nova York: Grove Press, 1960), p. 59. Esse livro – um romance autobiográfico sobre o vício da heroína – é bem diferente de outros textos situacionistas em suas afinidades com o movimento beat (*Internationale Situationniste* n°1 (1958), por exemplo, queixando-se de que "o cheiro de ovo podre exalado pela ideia de Deus envolve os cretinos mís-ticos da Geração 'Beat' americana"). Depois de abandonar a Internacional Situacionista em 1964, Trocchi tornou-se uma eminência parda da literatura escocesa e morreu, em 1984, depois de 27 anos de vício. (N.A.)

em francês: "Não estamos aqui para responder perguntas babacas", e depois disso os situacionistas abandonaram o recinto.

Num folheto publicitário distribuído alguns anos atrás, o IAC lembrou o evento como "uma conferência cujo presidente era surdo, cujo principal orador não falava inglês e cujos participantes negavam que a reunião existia" (Na verdade, eles apenas negavam que seu *tema* existia, já que os situacionistas definiam "situacionismo" como uma palavra sem sentido cunhada por antissituacionistas). O IAC, como veremos, teve sua vingança.

A Internacional Situacionista (IS) (1957-1972) era um grupo internacional sediado em Paris, que recriava a tradição de vanguarda num alto nível de inteligência e intransigência. Mais conhecida hoje em dia por sua política ultraesquerdista, a IS foi fundada por artistas que integravam duas pequenas organizações, a Internacional Letrista (de onde vinham Guy Debord e por sua esposa Michele Bernstein, uma artista que trabalhava com colagens) e o Movimento Internacional por uma Bauhaus Imaginista (MIBI) (que incluía os pintores Asger Jorn e Giuseppe Pinot-Gallizio). O MIBI, cujo credo antifuncionalista poderia ter sido *a forma segue a diversão*, reagrupava artistas do extinto grupo COBRA. Um deles, o pintor e urbanista Constant, logo trouxe com ele para a IS a noção de urbanismo unitário, "a teoria do uso combinado de artes e técnicas para a construção integral de um meio em relação dinâmica com experimentos em comportamento".

Embora sua imagem pública sempre tenha sido monolítica, a IS sofreu vários cismas e "excluiu" 45 dos 70 indivíduos que foram seus membros em algum momento. O antagonismo fundamental, mais ou menos correspondente a uma divisão entre Internacional Letrista e MIBI-COBRA, contrapunha os estetas aos teóricos políticos. Os primeiros eram, em geral, germânicos, como Jorn, Constant e o grupo alemão *Spur*, com a importante exceção de Pinot-Gallizio. Os últimos eram, em geral, latinos, e liderados por Guy Debord.[2]

Os estetas, fiéis ao programa do urbanismo unitário, defendiam uma arte democratizada, a reunificação e universalização da alta cultura e da cultura popular e uma erupção estética que transformasse a cidade num conjunto de ambientes gratificantes. Assim, eles se interessavam por planejamento urbano e arquitetura, embora não pareçam ter realizado nada em nenhum dos dois campos. Os teóricos políticos – na formulação de Raoul Vaneigem, o primeiro não-artista a adquirir importância dentro da IS – exigiam a "realização e supressão da arte", uma revolução da vida cotidiana.

Ambos os lados rejeitavam a arte como departamento especializado da criatividade privilegiada e como produção de valores para consumo. Todos os situacionistas eram anticapitalistas. Mas, enquanto os estetas almejavam infundir arte em todos os aspectos da vida, os teóricos políticos buscavam transformar as relações sociais diretamente, e não apenas vivificá-las mediante um condicionamento social abrangente e qualitativamente superior. Como Mustapha Khayati – situacionista argelino e talvez o polemista mais acessível da IS – definiu: "A realização de arte – poesia no

---

[2] Jorgen Nash – irmão mais novo de Jorn – relacionou os principais cismas de 1964 a diferenças de caráter nacional. "Os situacionistas franco-belgas se baseiam nos mesmos princípios de Pascal, Descartes, Croce e Gide. A ação precede a emoção. Alguém só começa a se sentir religioso depois de balbuciar suas preces. De acordo com a filosofia situacionista escandinava, a ação é o resultado da emoção e surge desta. [...] Não estamos dizendo que o método francês está errado ou que não pode ser usado com sucesso. Apenas dizemos que nossas duas perspectivas são incompatíveis, mas podem ser levadas a suplementar uma à outra." "Who Are the Situationists?", *Times Literary Suplement*, setembro de 1964 (edição especial), reimpresso em *An Endless Passion... an Endless Banquet: A Situationist Scrapbook*, editado por Iwona Blazwick (Londres: Institute for Contemporary Arts/Verso, 1989), p. 62, um dos dois livros de arte produzidos em conexão com a mostra do IAC de arte situacionista e afins. Nash, hoje o poeta dinamarquês mais celebrado, ainda preside a Bauhaus situacionista que ele e Jorn fundaram na Suécia em 1986; assim como outro situacionista excluído em 1964, Hardy Strid. (N.A.)

sentido situacionista – significa que ninguém pode se realizar num 'trabalho', mas apenas se realizar, e ponto final". Depois da arte, vem a arte de viver.

Não quero fazer uma pergunta babaca nem nada, mas qual é a diferença? Nenhuma das duas tendências jamais construiu o que Constant chamava de "uma outra cidade para uma vida diferente". Se o tivessem feito, as condições e oportunidades existentes seriam mais importantes do que ideias feitas. Era no aqui-e-agora pré-revolucionário que as orientações conflitantes implicavam práticas divergentes.

Na Quinta Conferência da IS, na Suécia, em 1961, as tendências se enfrentaram abertamente. Os teóricos políticos haviam mergulhado recentemente na história do movimento revolucionário dos trabalhadores e adotado o comunismo de conselhos da revista *Socialisme ou Barbarie*. Os estetas não se opunham à renovação da revolta proletária, mas eram céticos quanto às perspectivas dela na próspera quietude do início da década de 60. Eles propunham, em vez disso, empregar seu poder onde ele já estava se fazendo sentir – no mundo da arte, por enquanto. Os teóricos políticos retrucavam que os estetas – os alemães do *Spur*, por exemplo – negligenciavam sinais de recusa em seu próprio território, sem mencionar uma variedade de episódios, desde demonstrações dos estudantes da Zengakuren, no Japão, ao levante de Katanga, no Congo. Todos esses episódios, eles supunham de forma otimista (e equivocada), tinham algum conteúdo revolucionário implícito. Os teóricos políticos denunciavam os estetas como "cafetões culturais". Os estetas diziam aos teóricos políticos: "Vocês vão tropeçar na sua própria teoria!" Talvez ambos os lados tivessem razão.

Em 1962, os alemães e os "nashistas" (Jorgen Nash e os escandinavos) foram excluídos; Jorn já havia renunciado. Os situacionistas assumiram a postura política que manteriam em sua década final. Debord não fez mais filmes até depois de a IS se dissolver. A arte situacionista – colagens, desenhos e originais alterados – se tornou propaganda pura. Bernstein produziu uma série de colagens, entre elas "Vitória da Comuna de Paris" e "Vitória dos Conselhos de Trabalhadores de Budapeste", que infelizmente foram destruídas quando o quartel-general situacionista na Dinamarca foi incendiado em 1965. Os teutões formaram sua própria Segunda Internacional Situacionista, publicando o *Situationist Times* em Amsterdã e exercendo uma influência duradoura sobre a cultura escandinava.

Embora os situacionistas se vangloriassem de "fazer o melhor esforço, até agora, para *sair do século XX*", eles nunca chegaram a saltar esse muro. Seus velhos adversários do IAC de Londres, entre outros, haviam há muitos anos retornado às suas celas, no mundo com o qual haviam rompido. A arte deles transitou por três prestigiados templos da vanguarda descolada. Em 1989-1990, "*On the Passage of a Few People Through a Rather Brief Moment in Time*" ("Sobre a Passagem de Algumas Pessoas Através de um Momento Relativamente Breve no Tempo") – nome tirado de um filme de Guy Debord, cuja exibição ele vetou – foi do Musée National d'Art Moderne (Centro Georges Pompidou), em Paris, para o IAC de Londres, e depois para o IAC de Boston, onde eu a visitei. De acordo com a descrição delicada do catálogo, essa mostra representava "um desafio museológico único", como os restos mortais de um piloto de OVNI representariam um desafio mortuário único para uma funerária.[3]

---

[3] *On the Passage of a Few People Through a Rather Brief Moment in Time*, editado por Elisabeth Sussman (Cambridge, Massachusetts & Londres: MIT Press, para o Instituto para a Arte Contemporânea de Boston, Massachusetts, 1985). A exposição londrina motivou um panfleto de protesto do pró-situacionista Michel Prigent, "The Misadventures of the Situationist International in the Temple of Doom" ("As Desventuras da Internacional Situacionista no Templo da Perdição"), denunciando a descoberta acadêmica tardia da IS como "a corrida trôpega de pretensos especialistas em IS do mundo decadente do pensamento apodrecido [...] numa tentativa desesperada de salvar suas carreiras falidas". A etapa de Boston motivou uma choradeira anônima similar, "On the Attempted Gentrification of the Situationist International" ("Sobre a Tentativa de Gentrificação da Internacional Situacionista"). (N.A.)

Como Raoul Vaneigem disse, a IS não estava "trabalhando pelo espetáculo do fim do mundo, mas pelo fim do mundo do espetáculo". Vendo a si mesmos como revolucionários neste, mas não deste mundo, os situacionistas precisavam obrigatoriamente definir os termos de sua interação com ele. Destacar-se da ordem existente era optar por interpretá-la, em vez de mudá-la. Mas participar dela era perpetuá-la. Os situacionistas tinham que achar um meio de sugar do sistema (de onde mais sugar?) sem serem sugados por ele. Eles caracterizavam essas possibilidades como polarizações: *detournement* (tradução aproximada: "desvio") e *recuperation* (tradução aproximada: "recuperação"). Virar as imagens do sistema contra ele próprio era "detourná-las", desviá-las. Mas ser "virado", em contrapartida – no jargão da comunidade de inteligência –, era ser recuperado pelo sistema como arte, como ideologia, como muitas formas fragmentárias de especialização ou oposição parcial.

Nenhum revolucionário, nenhuma tendência de vanguarda jamais reconheceu o risco de recuperação tanto quanto os situacionistas. Isso, no fim das contas, é o que justifica sua pretensão de terem modernizado a revolução, da mesma forma que o espetáculo havia modernizado o capitalismo. Mas eles eram melhores no diagnóstico do que na cura, e a sociedade do espetáculo é o mundo do cure-ou-seja-curado(r).

Algumas das medidas preventivas tomadas por eles eram previsivelmente fúteis. A imposição de uma disciplina partidária de cunho leninista (com os característicos expurgos, por exemplo) lembra bastante a recuperação; com certeza não evitou o declínio qualitativo ou quantitativo da IS.

Mais importante – e com muito mais originalidade –, os situacionistas incorporaram mecanismos *antifalha* nas suas produções. O fetichismo vocabular de Wyckaert e Debord no IAC quanto ao termo "situacionismo" era, provavelmente, apenas parte da emboscada preparada para a plateia, mas os textos situacionistas insistiam regularmente em usar partes do discurso como amuletos protetores contra a recuperação – um formalismo ao mesmo tempo ingênuo e excessivamente meticuloso. *Memoires*, uma colaboração gráfica/textual entre Jorn e Debord, feita provavelmente quando ambos estavam, como de costume, alcoolizados, foi encapada em um tecido de lixa para frustrar o bibliotecário ou bibliófilo que ousasse tratá-la como um livro qualquer, metendo-o numa estante entre os outros. Numa imitação barata, o IAC encapou um de seus dois livros de arte com lixa[4] também, doada pela English Abrasives and Chemical Limited. Mas tudo o que era *abrasivo* em *Memoires*, dentro ou fora, foi suavizado pelo IAC ao manter o livro, e todos os outros exemplares de publicações situacionistas, literalmente na estufa.

De maneira similar, a "pintura industrial" de Giuseppe Pinot-Gallizio parodiava a produção em massa, com pinturas que vinham em rolos e eram vendidas por metro. O que sobrou de um rolo, parte da mostra do IAC, tem 145 metros de comprimento. A ideia era desvalorizar a arte, fabricando-a em grandes quantidades, mas mesmo nos anos 50 o mercado já era esperto o suficiente pra lidar com isso. Quando o artista aumentou arbitrariamente o preço do seu papel de parede glorificado, a procura *cresceu*. Afinal, tudo o que é caro deve ter valor.

Naturalmente, a ambição de Pinot-Gallizio de revestir cidades inteiras com pintura industrial não resultou em nada.

---

[4] Sussman, *On the Passage*. Como não tenho uma lixa de unhas, acho a capa útil para fazer minha manicure. Isso exemplifica a aspiração situacionista de reintegrar a arte ao dia a dia. (Nota de última hora: depois de ler uma versão anterior deste texto, Molly Gill, editora da *The Rational Feminist*, ficou tão sensibilizada pela minha situação que me enviou uma lixa de unhas. Obrigado, Molly. Você é a bisavó mais descolada que já publicou um fanzine.) (N.A.)

O mais perto que ele chegou foi a "Cavern of Anti-Matter" ("Caverna da Antimatéria"), uma grande sala fracamente iluminada, forrada com o material.[5] Eu gostava da versão empobrecida do IAC de Boston porque era o único lugar onde os funcionários não me vigiavam. E porque também estavam à mostra algumas das "modificações" de Asger Jorn – pinturas kitsch de artistas desconhecidos que ele "sobrepintava" com imagens fantasmagóricas. A última coisa que o IAC queria era que alguém começasse a ter ideias e se *comportasse* como um situacionista ali – por exemplo, sobrepintando uma das sobrepinturas.

A futilidade das precauções dos situacionistas me traz à mente a história, relatada por Suetônio, de um inimigo de César que consumia doses controladas de veneno para se imunizar. Ouvindo isso, o imperador riu, dizendo: "Não existe antídoto contra César!"

---

[5] Na montagem original do artista, esse era um projeto multimídia que incluía sons. Os sons variavam de acordo com a movimentação das pessoas dentro da Caverna, e havia ainda uma modelo viva. A versão de Boston não tinha som; no lugar da modelo havia um manequim de vitrine. Além das limitações práticas – os situacionistas que forneciam o sistema de som de Pinot-Gallizio foram expulsos, como ele também foi, havia mais de 30 anos –, escrúpulos por causa da provável reificação sexista da modelo podem ter incomodado a puritana e politicamente correta Boston. Não é preciso ser hiperfeminista para se chocar com uma tendência libertadora cuja pior alcunha é, como vimos, *babaca*. Apenas 10% dos membros da IS eram mulheres. Somente duas delas tinham papéis significativos: Michele Bernstein (enquanto foi esposa de Debord) e Jacqueline de Jong, cujo *Situationist Times* refletia a atmosfera mais liberal da Segunda Internacional Situacionista. De acordo com Ralph Rumney, membro fundador da IS, o grupo "era extraordinariamente antifeminista, na prática. As mulheres estavam lá para datilografar, fazer comida, e por aí vai". Rumney, que foi expulso por não ter conseguido entregar um relatório "psicogeográfico" a tempo, alega que Debord levou o crédito por teorias produzidas por Bernstein. "The Situationist International and Its Historification" (uma entrevista), *Art Monthly* nº 127 (junho de 1989). (O relatório de Rumney é reproduzido, de forma quase indiscernível, em *An Endless Adventure*, de Blazwick, pp. 45-49.) Rumney é meio suspeito: ele se casou com Bernstein depois que ela se separou de Debord. (Agora estão divorciados.) De acordo com Rumney, Bernstein está "entre os mais importantes nomes da crítica literária da França hoje". (N.A.)

Independentemente do que mais possa ser dito sobre a mostra e seus similares, eles corrigem a interpretação autoindulgente da IS, divulgada por sua facção política reinante desde 1964 e recapitulada por quase tudo o que apareceu em inglês sobre ela. Parte da indignação com essas produções reflete a ansiedade com o fato de que a IS – que se vangloriava do bloqueio que sofria do *mainstream* e da esquerda

– esteja agora sendo traduzida, interpretada e exibida por especialistas que nem posam como pró-situacionistas.[6] Ralph Rumney, fundador da IS excluído logo no início, queixou-se da forma como ela "tomava a História de assalto", escrevendo sua própria versão autorreverente. Alguma atenção à história do "situacionismo" na Grã-Bretanha e nos EUA é necessária para situar a moda situacionista que o IAC representava e reforçava.

Embora um dos poucos fundadores da IS, Ralph Rumney, seja inglês, os anglófonos tinham embates mais do que costumeiros com o grupo de controle parisiense. Rumney foi logo

---

[6] Uma exceção negligenciada é *Protest in Paris: Anatomy of a Revolt*, do cientista político Bernard B. Brown (Nova York: General Learning Press, 1974), uma análise dos Dias de Maio de 1968. Esse levante denunciou como falsas todas as bobagens de consenso pluralista produzidas por Brown e outros acadêmicos sobre a política francesa. Seu relato é claramente vingativo, mas mesmo assim dá credibilidade à alegação da IS de que ela teve influência importante no levante. A primeira tentativa de desmistificar a IS é *Assalto à Cultura*, de Stewart Home (São Paulo: Conrad, 1999). Com inimigos como Home, a IS não precisa de amigos. Seu livro – uma espécie de introdução à vanguarda – é breve e conclusivo, sintonizado com a falta de atenção contemporânea induzida pela TV. Marcada por perversidade, moralismo e desinformação, a ladainha de Home reconta um pouco da história perdida da IS – especialmente em sua fase inicial, artística – mas os volumes do IAC são mais informativos e menos tendenciosos precisamente a respeito desse "breve momento no tempo". Home – se autodenominando The PRAXIS Group – fomentou a Greve da Arte, à qual, se alguém tivesse aderido, teria durado de 1990 a 1993. Ele teve o cuidado de publicar seu primeiro romance pouco antes do início dela: *Pure Mania* (Edimburgo: Polygon, 1989). Sobre a minha crítica da Greve da Arte, veja "The Refusal of Art", *Friendly Fire* (Nova York: Autonomedia, 1992), pp. 209-214; sobre o meu ativismo na Greve da Arte, veja "The Albany Art Strike Action Committee", ibid., pp. 215-218. Novamente na última hora, Home publicou um texto até então não traduzido de Asger Jorn, figura que eu acho, como personalidade, o mais atraente dos situacionistas. Mas o artigo revela que esse maníaco compulsivamente criativo era metafisicamente confuso. "Pataphysics: A Religion in the Making", *Smile* n° 11 (1989); veja também *Open Creation and Its Enemies with Originality and Magnitude (on the System of Isou)*, de Asger Jorn, tradução de Fabian Tompsett (Londres: Unpopular Books, 1994). (N.A.)

expulso. Alexander Trocchi, escocês, renunciou em 1964. Toda a Seção Inglesa foi expulsa em 1967 por se equivocar quanto à decisão parisiense de romper contato com vários americanos que tiveram a temeridade de expor ao próprio Vaneigem uma interpretação "mística" de seu livro *A Arte de Viver Para as Novas Gerações*.[7] Os ingleses formaram a King Mob, que incluía Malcolm MacLaren, futuro empresário dos Sex Pistols. Os americanos, com base em Nova York, bolaram um amálgama hippie-situacionista, os Motherfuckers.

Mais tarde, o americano Jon Horelick e o holandês Tony Verlaan formaram uma Seção Americana da IS, também em Nova York. Foi a "cisão" dos americanos em 1971 – deixando a IS com quatro membros na Europa, um deles residindo num hospital psiquiátrico do Leste Europeu –, o que convenceu Guy Debord a pôr um fim na IS. Àquela altura, alguns textos da IS, ou influenciados por ela (dos imitadores que a IS, desdenhosamente, chamava de "pró-situ") haviam circulado na Grã-Bretanha e nos Estados Unidos[8] sem causar grande repercussão. Eles eram insignificantes e tardios demais para influenciar a Nova Esquerda. Pena. A Nova Esquerda precisava de uma teoria que fosse rigorosa e antiautoritária, mas (com razão) rejeitava o anarquismo como algo intelectualmente flácido e flertava com o marxismo em suas variantes leninistas retrógradas, separando os radicais de suas (até hoje subestimadas) fontes de apoio popular.

À medida que a IS se decompunha, grupos pró-situ se formavam em Nova York e na área da Baía de São Francisco,

---

[7] São Paulo, Veneta, 2016 (N.E.)

[8] Por exemplo, *The Beginning of an Epoch* (Nova York: Create Situations, sem data) (de *IS* n° 12); *The Poor and the Super-Poor* (Nova York: Create Situations, s.d.) (de IS n° 11); Guy Debord, *A Sociedade do Espetáculo* (São Paulo: Contraponto, 1997). Na Grã-Bretanha, Nick Brandt, Larry Law, Michel Prigent e outros tornaram alguns textos disponíveis. (N.A.)

com nomes como Negation, Point Blank, Contradiction e Bureau of Public Secrets, seguidos, em outras localidades, por grupinhos nem tão situacionistas (Upshot, Aurora, Tampa Narcissus) que, sem querer, insinuavam o situacionismo no anarquismo americano mais ou menos ressurgente dos anos 70. Em Detroit, o projeto Black & Red, de Fredy Perlman, traduziu e publicou o livro de Debord e outros textos situacionistas, e depois de 1975 o tradicional jornal underground *Fifth Estate* adotou uma postura anarcossituacionista que infelizmente se deteriorou, em tempos recentes, para uma espécie de culto ecorreformista de adoração à natureza.

O situacionista excluído inglês Christopher Gray publicou uma antologia traduzida da IS, *Leaving the 20th Century*, em 1974; poucas cópias dela cruzaram o Atlântico. O livro de Vaneigem apareceu traduzido em 1979, seguido, em 1983, por uma coedição anglo-americana autorizada. Em 1981, o pró-situ Ken Knabb (único membro do Bureau of Public Secrets) publicou por conta própria uma *Situationist International Anthology* que continha cerca de um terço dos materiais da revista da IS e outros textos. Meses depois, o crítico de rock Greil Marcus, depois de orientado pelo pró-situ Tom Ward, deu fim ao bloqueio na mídia americana com

um artigo no *Village Voice* sobre o situacionismo.[9] Marcus continuou nessa linha com seu livro *Lipstick Traces*, de 1989, um tratamento acrítico e desorganizado, porém informativo, do situacionismo, do punk rock e de tudo o mais, publicado surpreendentemente pela Harvard University Press.

A questão, com relação a esse incremento de textos, é que eles eram apenas isso, textos. Ninguém sabia das origens artísticas da IS ou das preocupações estéticas de seus primeiros anos. Os debordistas tinham motivos para esconder suas raízes artísticas, para figurar melhor como teóricos sociais, e portanto foi como política que o situacionismo cativou um número reduzido, porém crescente, de britânicos e norte-americanos a partir de meados dos anos 70. Os teutões da Segunda IS, que desdenhavam a ocultação de suas metas artísticas, não eram ouvidos no mundo anglófono, embora seus escândalos se comparassem favoravelmente com aqueles dos debordistas. Constant e vários anarquistas deflagraram o movimento Provo em Amsterdã (1965-1967), provando que era possível, para os situacionistas, dar uma inflamada na contracultura. Os alemães do *Spur* foram acusados de por-

---

[9] Em 11 de maio de 1982, Ward deplorava Marcus por sua estetização da IS, mas Marcus não era mais unilateral do que teóricos políticos como o próprio Ward, que na época havia regressado ao marxismo, do qual a maioria deles jamais havia realmente escapado. "Class Struggle Is for Real, Greil" ("Luta de Classes é pra Valer, Greil"), de Tom Ward (inédito); cf. "Preface to For Ourselves", *The Right to Be Greedy*, de Bob Black (Port Townsend, Wash.: Loompanics Unlimited, s. d. [1983]) (originalmente publicado em 1975; uma denúncia do "egoísmo comunista"). O que Ward retém dos situacionistas são suas culpas: seu determinismo, seu conselhismo e sua invectiva. Num artigo que pretensamente apresentava a IS à esquerda, Ward apresentou sobretudo desculpas para suas vulgarizações ineficazes dos anos 70 e elogios ao estilo de Stang a projetos de amigos seus: "The Situationists Reconsidered", em *Cultures in Contention*, editado por Doug Kahn & Diane Neumaier (Seattle: Real Comet Press, 1985). Uma organização louvada por Ward era o violento culto estatista *Processed World*. A respeito dele, veja *The Baby and the Bathwater*, de Bob Black (2ª ed.; Nova York: Feh! Press, 1994). (N.A.)

nografia. Um deles, Dieter Kunzelmann, fundou a Kommune 1 em Berlim — que introduziu a cultura hippie nas duas Alemanhas e incubou vários dos terroristas do Movimento 2 de Junho. Na Holanda, o *Situationist Times*, de Jacqueline de Jong, com menos texto e mais imagens do que o jornal da IS, antecipou o estilo fanzine do final dos anos 70 e de toda a década de 80.

De volta à Inglaterra, os excluídos da IS formaram a King Mob, cujo público-alvo eram os estudantes de arte. Um de seus veteranos, Jamie Reid, fez o design da antologia IS de Christopher Gray, mas teria bem mais impacto na estética punk devido à sua associação com os Sex Pistols. Gray fora criticado por suas traduções descuidadas e seus comentários rasos, mas sua antologia é superior à de Knabb num aspecto crucial: ela incorpora desenhos e imagens na quantidade suficiente para se assemelhar ao visual original da revista da IS. Knabb foi mais Debord que o próprio Debord ao marginalizar a dimensão estética. Isso porque, mesmo depois da consolidação debordista, as produções situacionistas refletiam a estética das formas integradas praticadas pelos artistas do COBRA e do MIBI. A apresentação em inglês da maioria dos textos situacionistas e pró-situ inclinou-se fortemente para a supressão, não para a realização da arte, diminuindo o holismo da tendência e talvez contribuindo para a exagerada reputação de aridez da teoria situacionista.

Não muito depois, Reid pôs seu estilo de colagem – misturando textos dos meios de comunicação em massa com recortes – à disposição de Malcolm MacLaren, outro veterano do King Mob. O modo como MacLaren administrou a carreira dos Sex Pistols – sem falar do modo como fabricou o grupo –, nos faz suspeitar de um experimento cínico de engenharia social situacionista. Reid já havia colocado em publicações pró-situ algumas das imagens que adornam as capas dos discos dos Sex Pistols (avidamente procuradas por colecionadores hoje em dia).

Embora poucos soubessem disso na época, a negatividade abrangente do punk havia sido refratada através de um prisma situacionista. Felizmente, os pormenores programáticos, como o comunismo de conselhos, haviam ficado pelo caminho. No final dos anos 1970, a erupção do punk na Grã-Bretanha incluiu uma erupção de zines. Publicar um zine punk era até mais fácil, e mais participativo, do que tocar música punk, o que já estava longe de ser difícil. Muitos dos milhares de zines que foram lançados nos últimos 15 anos parecem versões malfeitas das publicações da IS, e alguns deles lidavam com idéias situacionistas antes que Greil Marcus tomasse conhecimento delas.[10] Tendo olhado cada página de cada número do jornal da IS – o IAC de Boston as encadernou –, posso dizer que as melhores colagens da IS são marcantemente inferiores ao trabalho de colagistas marginais como James Koehnline, Ed Lawrence, Joe Schwind, Freddie Baer e Mykell Zhan.[11] Por que absolutamente nenhum dos cartazes, cartões postais, fanzines e tablóides norte-americanos foi colocado em uma estufa junto com o resto das relíquias, quando a arte pós-moderna sem distinção feita por gente como a NATO e a Art & Language, que reflete pouca ou nenhuma influência situacionista, foi exibida?

Provavelmente porque o material dos marginais *não são* relíquias – ainda. Para esse tipo de arte, a cópia é o original. Assim, suas pequenas tiragens contam menos que o potencial para a infinita multiplicação de originais nos cálculos de museólogos, cuja deprimente ciência é, como a economia,

---

[10] No momento em que este artigo foi escrito, existiam pelo menos dez mil zines sendo publicados, só nos Estados Unidos. *The World of Zines*, de Mike Gunderloy & Cari Goldberg Janice (Nova York: Penguin Books, 1992). A estimativa máxima tornou-se a estimativa mínima em apenas quatro anos. *How to Publish a Fanzine*, de Mike Gunderloy (Port Townsend, Wash.: Loompanics Unlimited, 1988), p. 7. (N.A.)

[11] *Xerox Pirates: "High" Tech & the New Collage Underground*, editado pela Autonomedia Collective (Brooklyn, NY: Autonomedia, 1994). (N.A.)

regida pela escassez. Pinot-Gallizio tinha razão, no fim das contas, mas as condições materiais para a produção e *distribuição* em massa da arte ainda não existiam totalmente. A superação da arte, como a do trabalho, não é uma questão de urbanismo unitário ou de conselhos de trabalhadores, mas sim de generalizar o *dom*, solução de todas as separações. A prática da IS estava, dessa vez, à frente de sua teoria. Suas atraentes revistas eram baratas, e durante maio e junho de 1968 os situacionistas (de *ambas* as Internacionais, de fato) fabricaram centenas de milhares de cartazes e publicações, seu *don gratuit* ao proletariado.[12]

Os situacionistas (especialmente os debordistas) entregavam-se cronicamente ao *imputacionismo*, ou seja, ilusão otimista disfarçada de teoria crítica. A IS estava sempre descobrindo situacionismo *inconsciente* nas ações de pilhadores de Watts, delinquentes suecos, separatistas de Katanga, até alunos de Berkeley. Ninguém precisa ser um situacionista para saber que as coisas nem sempre são o que parecem (embora isso ajude). O espetáculo apenas parece ser contínuo e sereno. A tentação de ser elitista, como a de ser otimista, é irresistível: se apropriar da agressividade dos outros como uma fantasia própria é um exercício de indulgência. Era

---

[12] Para a perspectiva da IS sobre sua participação nos Dias de Maio, veja "The Beginning of an Era", na antologia de Knabb. Acadêmicos como Bernard B. Brown, Alfred Willener e Richard Gombin atestaram, com hostilidade ou simpatia, a relevância dos temas situacionistas no levante. Em *Assalto à Cultura* (São Paulo: Conrad, 1999), Stewart Home afirma: "Quando se considera que milhões de trabalhadores e estudantes participaram dos eventos de maio, um agrupamento tão minúsculo não pode ser considerado muito significativo". Esse juízo ignora o fato indiscutível de que os *furiosos* aliados da IS provocaram as demonstrações estudantis em Nanterre, que por sua vez precipitaram a greve geral. Talvez o melhor rebate às cifras de Home seja a resposta da IS, quando perguntada sobre quantos membros tinha: "Pouco mais do que o núcleo original de guerrilha da Sierra Madre, mas com menos armas. Pouco menos que os delegados que fundaram em 1864, em Londres, a Associação Internacional dos Trabalhadores, mas com um programa mais coerente". (N.A.)

possível que algumas pessoas soubessem o que estavam fazendo, e não era nada de situacionista, muito obrigado.[13] Os situacionistas fizeram de si mesmos um espetáculo, e essa foi sua perdição. Eles acabaram *mesmo* vendo seus desejos como a realidade. Os psiquiatras chamam isso de "ideias de referência".

Por outro lado, como Art Kleps afirmou, talvez o negócio sejam as referências. Em seus escritos pós-IS, Debord se vangloriou de que a história lhe havia dado razão.[14] Talvez o espetáculo, a essência da aparência, esteja aí mais manifesto do que nunca. (O mercado consegue vender qualquer coisa.) Existe algo estranhamente situacionista no fato de que a teoria foi ficando mais acessível à medida em que ficaram evidentes as partes ultrapassadas. Quando editores antissituacionistas como Mike Gunderloy e Fred Woodworth exibem sua incapacidade de entender o situacionismo, é cada vez mais provável que seus leitores concluam que são mais inteligentes do que esses ignorantes orgulhosos. Para os assombrados espectadores da recente minissérie *Guerra do Golfo*, o espetáculo deve ser mais significativo do que qualquer um dos velhos clichês anarquistas.[15] E ele ilumina aquilo pelo que é iluminado.

---

[13] "Na análise final, eles cometeram o mesmo erro de todos os intelectuais de esquerda: *acharam que todos os outros fossem simplesmente burros*. Os pobres trabalhadores não sabem o que está acontecendo, precisam que alguém lhes explique." Christopher Gray, *Leaving the 20th Century: The Incomplete Work of the Situationist International* (Londres: Free Fall Publications, 1974), p. 167. (N.A.)

[14] Por exemplo, Guy Debord no prefácio à quarta edição italiana de *A Sociedade do Espetáculo* (São Paulo: Contraponto, 1997). (N.A.)

[15] Ken Knabb, "The War and the Spectacle", *Public Secrets* (Berkeley, CA: Bureau of Public Secrets, 1997), pp. 357-361; Ben G. Price, "Between Iraq and a Hard Place: A Preamble to the Brave New World Order", em *Loom-panics' Golden Records*, editado por Michael Hoy (Port Townsend, Wash.: Loompanics Unlimited, 1993), p. 55-59; Bob Black, "Friendly Fire", *Friendly Fire* (Brooklyn: Autonomedia, 1992), pp. 275-282. (N.A.)

Nenhuma tendência de vanguarda, plenamente consciente do que estava em jogo, se esforçou mais para escapar das garras dos curadores do que os situacionistas, mesmo em sua fase inicial de intervenção na cena artística. Eles sabiam que seus antepassados futuristas, dadaístas, surrealistas e letristas haviam sido, para usar o termos deles, *recuperados* pela e para a ordem vigente. Uma ordem que se mostrava como o *espetáculo*, a "organização de aparências". A arte – já imagem –, entre todas as especialidades, é a mais fácil de recuperar. Você só precisa ignorá-la ou, caso isso não funcione, comprá-la.

Os situacionistas conceituaram a recuperação e o desvio como tipos polares, como claramente eles são, mas esqueceram que eles são tipos *ideais*, abstrações da realidade concreta da experiência – auxílios à interpretação, escadas (na metáfora de Wittgenstein) a serem escaladas e depois jogadas para baixo. Todas as formas estão misturadas. Recuperação e desvio são abstrações, como os pontos e as linhas da geometria que jamais foram encontrados na natureza, somente aproximados nela. Para complicar ainda mais as coisas, recuperação e desvio (diferentemente de pontos e linhas) formam um contínuo, não uma dicotomia. Nem os situacionistas, nem os gerentes do espetáculo jamais tiveram controle total sobre suas manipulações de ideias e imagens. Ninguém tem. O desvio também pode recuperar, a recuperação também pode desviar. E assim a recuperação do situacionismo, que está acontecendo de forma infalível e num ritmo crescente, não é necessariamente de todo antissituacionista.

Desde 1972 sem o comando de qualquer organização, o situacionismo está disponível para vários usos, alguns duvidosos. Os punks o depredaram em busca de mensagens subli minares. Os museólogos o curaram. Os acadêmicos marxistas da *Telos* o explicaram como uma filosofia da Escola de Frankfurt, tão inofensiva quanto eles próprios. Oportunistas pró-situ como Tom Ward faturaram com sua especialização no assunto. Veteranos da IS lembraram-se dele, mas só aqueles que foram excluídos. Anarquistas o difamaram, ou então miscigenaram-se com ele. Exibicionistas congratularam-se uns aos outros por ter ouvido falar nele. Em algum lugar, trabalhadores podem ter se apropriado dele, embora isso seja pura especulação.

Está tudo acabado – e, ao mesmo tempo, está tudo espalhado. O situacionismo está morto.[16] Vida longa ao situacionismo!

---

[16] Assim como Guy Debord, que se suicidou em 30 de novembro de 1994, aos 62 anos. Francis Marmande, "Guy Debord, Esthète de la Subversion", *Le Monde*, 3 de dezembro 1994, 1, 17. Debord, que bebia muito, estava sofrendo, segundo relatos, de polineurite alcoólica. (N.A.)